历史应该记住谁

王兆贵 著

南京师范大学出版社

图书在版编目（CIP）数据

历史应该记住谁/王兆贵著. — 南京：南京师范大学出版社，2017.8
ISBN 978-7-5651-3319-0

Ⅰ.①历… Ⅱ.①王… Ⅲ.①中国历史－古代史－通俗读物 Ⅳ.①K220.9

中国版本图书馆CIP数据核字（2017）第084102号

书　　名	历史应该记住谁
著　　者	王兆贵
策划编辑	郑海燕
责任编辑	王雅琼
出版发行	南京师范大学出版社
地　　址	江苏省南京市宁海路122号（邮编：210097）
电　　话	（025）83598919（总编办）　83598412（营销部） 83598297（邮购部）
网　　址	http://www.njnup.com
电子信箱	nspzbb@163.com
照　　排	南京理工大学资产经营有限公司
印　　刷	南京大众新科技印刷有限公司
开　　本	880毫米×1230毫米　1/32
印　　张	10
字　　数	211千
版　　次	2017年8月第1版　2017年8月第1次印刷
书　　号	ISBN 978-7-5651-3319-0
定　　价	38.00元

出 版 人　彭志斌

南京师大版图书若有印装问题请与销售商调换
版权所有　侵权必究

序

中国是个文学的国度,中国的文学史如同中国的文字史一样绵延悠长。当今之中国,据说日产散文数万篇,可谓散文大国。但在数万之众的篇什中,多的是被称为"鸡汤文""励志经""成功学"之类的应时之作,为求卖点,跟风逐热,连篇累牍,倒人胃口,粗制滥造,误人子弟。近日得阅王兆贵《历史应该记住谁》,读来赏心悦目,掩卷留香在掬,余味隽永。

《历史应该记住谁》是一部文史类随笔结集,当属文史散文,确切点说应是文化散文。文化散文当然不能以长短分轩轾,奥妙在于美与不美。我爱读余秋雨和夏坚勇的长篇文化散文,在生活节奏快而纷杂的当下,也乐见兆贵这样的短篇佳构。本书贻人以灵性,启人以心智,不敢说字字珠玑,也不敢说篇篇上乘,但就全书而言,称之为美文当不为过。散文最基本的特征,除了形散而神不散外,必须首先给人以美的感受,然后才能产生美的魅力和美的效应。本书作者是个求知若渴的人,面对浩繁的卷帙,唯恐时不我待,其对于文史典籍的倾心和皈依,对于历史文化的解读和反思,令人心悦诚服。唯其学养有素,加之数年的烹文煮字,落于笔端的文章方能有深邃的思索和精辟的评析,方能有丰赡的意蕴和斐然的文采,方能有悦目的斑斓和赏心的旨趣。

那么,本书之美在于何处?

其一,通读本书,能读出一种思想之美。思想美是散文重要的审美特征,或说是散文的生命。优秀的散文作品往往闪烁着思想的光芒和哲理的火花,往往给人以深沉的思考和精神的力量。不能要求散文作者都是思想家,但至少应是个思考者。本书撇开个人的琐屑情感和诉求,以敏锐的眼光去穿透厚重的历史之墙,去体察历史人物的心路历程。且看《历史应该记住谁》,仅就命题就引人遐思。作者通过对几位悲剧性历史人物命运的观照和透析,得出了令人折服的结论:胜者可以称王,而败者未必是寇;以失败而告终的英雄豪杰,之所以被人们所铭记、所缅怀,奥义在于人心所向和人格的力量。理性的思考并未到此为止,而是以古鉴今,认为"对那些锐意创新、大胆改革而遭遇失败者,要像看待走麦城的关羽那样,一如既往地尊重他们"。这样的见地难道不发人深省吗?再看《用兵奇才多书生》,命题同样不同凡响。作者以无可辩驳的史实,将"杀敌尤勇,用兵唯谋"的用兵之道阐述得入木三分,将当今"谋略型人才对事业的成败至关重要"论证得入情入理。《历史的另一张脸》则以独特的视角,深入考辨,认为历史人物很难以仁义论功过,全篇熠耀着理性之光。《刘彻何以怕汲黯》一文,读罢让人思绪纷纷,浮想无限。在讲述完汉武帝刘彻和谏臣汲黯的故事后,作者以征引作结论说:"在专制时代,如果一介帝王对臣下还有所戒惧的话,那么这个朝代就是再差也差不到哪里去。相反,如果这个帝王百无禁忌,天不怕地不怕,而只有臣下怕他的话,不用说,这准是一个朝不保夕的年代。"这就是思想,这就是思想之美。

其二,通读本书,能读出一种知识之美。求知欲是人的高层次需求之一,知识密集的散文能让求知欲强的读者获得满足。知识集成是这部作品的一大特色。打开作者的散文,恰如进入了一座知识的宝库,智慧之光随处可见。这种知识不是单一的,官场文坛,三教九流,古今中外,天文地理,遗闻轶事,经典掌故,无所不包,无所不至,使人眼界大开,心旷神怡。《史上最悲催的著作权案》将知识产权这一概念的前世今生叙述得明明白白,而因一句诗的权属问题所酿成的命案奇闻,又让我们懂得了著作权古已有之。有滋有味的人文知识,读来大快朵颐。《那些被"祸水"的红颜》之所以让人感慨万千,是有关红颜和祸水的历史知识使然。对女性持有社会偏见,非中国独有,西方古今那些哲学大师们,红颜祸水的观念并不亚于东方。掌握了这些知识,我们方知历史上那些被判为祸水的绝世红颜,其实是不公正的。《秦晋之好来之不易》读来饶有兴味,靠的是作者渊博的人文知识。需要指出的是,作品中知识虽然密集,但绝非漫无边际的铺陈和炫耀,而是收放自如,开合得体,集中阐明一个题旨,所谓形散神聚,涉笔成趣。一个人知识天地的宽广,除才气和悟性之外,恐怕多是来源于经年累月的读书积累,来源于自知无知方能多知的治学心态,若不读书破万卷,焉能下笔如有神?

其三,通读本书,能读出一种文字之美。文学作品说到底是一种语言艺术。就散文而言,作品的优劣,取决于有无超拔的表达艺术和大气的语言风度。文字美是中国古典散文的一大特色。《滕王阁序》《岳阳楼记》《桃花源记》等之所以流传至今,百读不厌,奥妙之一在于文辞优美。冰心、孙犁、郭枫、余秋雨等之所以被称为散文大家,与其作品的语言风度息息相关。《历史应该记住谁》文字清新平实,措辞自然流畅,意境含蓄幽美,透出一种文气和才气。我很难挑出几篇为例,因为全书的文字风格如一,喻比贴切,文法老练,能使人生发出一种阅读快感。另外,作者的文字里往往包含着耐人寻味的情趣,而阅读缺乏趣味的散文是吃力的。作者把笔下的世相百态、大千万物,写得情趣盎然,那么可读,这与作者驾驭文字的功力是密不可分的。

　　《历史应该记住谁》也不是尽善尽美,某些品评历史人物的篇目,若能自然地抒发些许家国情怀是否会更具感染力?叙述掌故之后多一些思辨文字是否会更有深度?当然,瑕不掩瑜,大璞不完,刻意雕琢往往失诸朴拙之美。笔者不谙散文之道,只是读后有感而发,片言缀以卷首,不足为序。

肖俊志
2017 年初于徐州

目 录

序　　1

上篇·历史应该记住谁

历史应该记住谁　　3

历史的另一张脸　　7

子罕的美德　　11

刘宽的雅量　　14

元顺的风骨　　17

荀彧的远见卓识　　19

冯异的职业操守　　23

卜式的华丽转身　　25

商鞅的跌宕人生　　28

寇准的幸与不幸　　32

曾国藩的"起跑线"　　35

司马光的人品和家风　　38

家天下的殉葬者 42

北魏时的"犀利哥" 45

南宋军中"第一虎" 48

史上反战第一人 52

苻坚饮恨亡前秦 57

杨朱愧称大人物 61

晏子为臣不卖身 64

稼轩本是将相种 67

重耳身边那些人 71

曹彬有权不徇私 75

曹参为相不折腾 77

蒯通不遇名不虚 81

毛遂也曾被埋没 85

淳于髡日荐七贤 88

羊祜荐贤人不知 91

文种慧眼识范蠡 93

阚泽赌命荐陆逊 96

沈约赤足拜子野 99

东郭牙的洞察力 103

不忽木坚辞相位 105

冯京拒聘"国丈婿" 109

袁枚吐槽《长恨歌》 112

王勃因戏说被逐 115

祢正平过激被杀 118

许子远倨傲丧生 121

年羹尧任性罹祸 124

秦武王好胜殒身 129

宋璟理政不偏不党 132

孟明视三败不见弃 135

直不疑被疑不释疑 139

武则天点化狄仁杰 141

齐威王打假振国威 143

郭隗与燕昭王的二重奏 146

成吉思汗和他的工匠部队 149

下篇·历史应该怎么看

历史应该怎么看 155

将历史看作镜子	158
司马光的德才观	163
孔子憎恶伪善人	167
文侯选相问李克	170
扁鹊论医不唯名	173
穰苴辕门斩庄贾	176
朱轼微言救直臣	179
邹忌之忌在田忌	182
刘彻何以怕汲黯	185
刘表为何难留人	189
大德与小惠之辩	193
一时毁誉难辨才	198
动态察人识良莠	201
栋梁之材宠不得	204
以诈察人不可取	206
用兵奇才多书生	209
无语还被无语误	211
左宗棠的"心病"	214

目录

赵简子放生被吐槽	217
赵襄子行赏不唯功	219
曾国藩用人唯谨慎	222
王廷相的立身之道	225
卢怀慎的不白之冤	227
成大事当求晓事之臣	230
孔子不赞成无谓牺牲	233
秦晋之好来之不易	235
那些被"祸水"的红颜	238
撒谎也被夸的牛人	242
耕耘与收获的不等式	246
文品与人品孰轻孰重	250
通才与专才各显其能	254
机遇与知遇如何相遇	257
知人善投的三国英才	260
魏才秦用的双重后果	263
坐而论道的古代智囊	267
纵横捭阖的古代说客	270

外籍人才助秦国成就霸业　　273

史上最成功的文化炒作　　275

史上最悲催的著作权案　　278

封建官场倒逼出来的"怪胎"　　282

乱世泥沼中的"变形金刚"　　287

福祸两重天的"赐肉"事件　　292

"五张羊皮"的共振效应　　295

"三驾马车"的组合模式　　299

"房谋杜断"的互补效能　　302

后记　　304

上篇　历史应该记住谁

历史应该记住谁

人们通常把那些为人类社会进步事业作出突出贡献的人称为"英雄"。他们出乎其类，拔乎其萃，是民族的脊梁、大众的楷模、人才中的精英。按照励志与成功学的说法，他们都是成功人士。可历史事实告诉我们，有许多英雄人物都有过失败的记录，有的结局还很悲凉，但这并不影响后世将他们视为英雄。如，滑铁卢战役的赢家是联军统帅威灵顿，但到滑铁卢镇参观的人，瞻仰的却是失败者拿破仑。又如，人们提及麦城时，首先想到关羽，那个战胜关羽的吕蒙却被忽略了。再如，项羽失败了，却被奉为天下英雄；刘邦胜利了，却被称为"流氓天子"。

按理说，人们心目中的英雄，总是同壮举和伟业联系在一起的；由胜利者刷新的历史，也应该铭记那些胜利者。那么，又为何会出现这种"不以成败论英雄"的非常历史观？历史应该记住谁？

作为人类社会发展过程的客观反映，历史是对过去事实的记载，真相只有一个。然而，当它被还原为文化记忆时，往往会因见识不同而有所选择和补遗，甚至有曲笔和回护。经过时间长河的冲刷和沉淀、思想潮流的碰撞和修正,流传在民间的历史故事,已不再是原初史料,而是集体无意识的公共作品。因此,提出"历史应该记住谁",就不再是简单逻辑所能求证的"解"。人们之所以不把成败视为论英雄的唯一标准、终极标准,不单是情感偏向问题,还有价值认同问题,其原因是多方面的。

一时与一世的考究。拿破仑是欧洲历史上四大军事统帅之一,一生指挥过大大小小 60 多场战役,比亚历山大、恺撒、汉尼拔、苏沃洛夫这些名将所指挥的战役总和还要多,但在滑铁卢一役中却一败涂地,并从此退出历史舞台,"遭遇滑铁卢"也演变为惨败的代名词。但是,"失败反把失败者变得更崇高了。倒了的波拿巴仿佛比立着的拿破仑更为高大",雨果在《悲惨世界》中的这句话,至今仍经常被人引用。唐末将领李克用之子李存勖,小名亚子。身为晋王之后,却无纨绔之气,继承先辈遗志,驰骋疆场拼杀,连他父亲的老对手朱温都感叹"生子当如李亚子"。毛泽东对他也很赏识,称其"可谓识时务之俊杰"。可惜的是,李存勖胜利后不思进取,终致身死国灭,被柏杨先生称之为"半截英雄"。

业绩与人格的权衡。称得上英雄豪杰的人,其业绩可以不昭彰,但人格一定是高尚的。他们通常以坚贞的气节、刚毅的血性、不屈的斗志、无私的奉献而著称。荆轲失败了,但他义无反顾的献身精神,就像他朗吟的《易水歌》那样,传为千古绝唱。李广北击匈奴,败多胜少,死后未获封侯,但在人们心目中仍然是一位顶天立地的英雄,"飞将军"的美誉彪炳史册。号称"西楚霸王"的项羽,不仅霸业未成，而且输得惨烈。一曲垓下之歌，回肠荡气，长使英雄泪满襟。项羽尽管刚愎自用、意气用事，但他率直坦荡、磊落光明，向来为人景仰。这也说明，当一个人的行为升华为人格魅力并为世人所推崇时，即便其结局是失败的，也不会动摇他在历史上的地位。

正统与异类的偏见。在中国，由于正统观念根深蒂固，很大程度上左右了人们对历史人物的解读。历史的惯性、传统的力量尽管比我们想象的还要顽固，但总有一天会被科学的历史观正本清源。三国争雄，刘备尽管未能胜出，但因沾了汉室宗亲的光，身后享有"英雄之器"的盛誉；曹操尽管得势，但因有篡位之嫌，身后背有"乱世奸雄"的恶名。其实，曹操不论在军事、政治还是文学上都卓有建树，鲁迅说他"是一个很有本事的人，至少是一个英雄"。

功绩与过失的比较。即使再高大的英雄人物，也不可能尽善尽美。英雄之过乃白璧微瑕，难掩其丰功伟绩。所以，对英雄人物是非功过的论定并不存在终极标准，时代背景不同，审视角度不同，答案也不相同。比如说，将相中的袁崇焕、曾国藩、李鸿章、帝王中的嬴政、雍正，以及介于帝王将相之间的曹操，历来毁誉参半。史家说法不一，民间也存争议，原因就在于所持的标准不同。

有道是，青史留名身后事。与其说"历史应该记住谁"，毋宁说"丰碑自在人心中"。胜利者自可以称"王"，失败者却未必是"寇"；胜利者可以改写历史，却无法拨动人们心灵的天平。古今中外最感人的，不必是三头六臂，不必是大吕黄钟，不必是豪言壮语，而是以天下为己任的铮铮铁骨，救苍生于水火的赤胆忠心，谋福利于百姓的慈行善举。正如电视连续剧《三国演义》片尾曲歌词所写的那样："黯淡了刀光剑影，远去了鼓角铮鸣，眼前飞扬着一个个鲜活的面容。湮没了黄尘古道，荒芜了烽火边城，岁月啊，你带不走那一串串熟悉的姓名……历史的天空闪烁几颗星，人间一股英雄气在驰骋纵横。"

历史的另一张脸

在今天的甘肃灵台一带,有个鲜为人知的西地小国叫"密须"。据史书记载和考古印证,历经夏商的"密人"部落,乃黄帝之后裔,虽非盛都大邑,却也族旺势强。当时尽管也有"伐之不义"的责难,但周文王还是以"密人不恭,敢拒大邦"为由给灭了。这是文王伐纣扫除的第一个障碍,也是大举攻商前的一次"热身"。当年的灵台,正是文王庆祝伐密得胜所筑。

"文王伐密"这一历史事件,与孟子"施仁政而王天下"的硬道理显然相悖,对信奉此念的后世儒者来说,难免有些尴尬,只好佯装不知。但在人类历史上,这样的情形并非意外个案,不仅曾发生"有道"的王朝屡屡侵吞别国,也有不少"有道"的部族屡屡被人所灭的明证。避而不谈也许可以,但史实总归是回避不了的。周穆王时,曾为夏禹封地的徐国传至偃王,统辖领地五百里,国力愈益强盛。王孙厉对楚文王说,徐偃王好行仁义之道,汉水以东的三十二个诸侯都臣服于他。如不及早讨伐,不久的将来,楚国就要向徐国朝贡了。楚文王说,偃王如果真是有道之君,那徐国是不能伐的。王孙厉说,大伐小,强伐弱,就像投石击卵、老虎吃猪一样，哪里有不可讨伐之理！于是，楚文王就兴兵把徐国给灭了。

常言说，现实是残酷无情的。其实，历史更加残酷无情；有时甚至是不厚道的。在我们已有的印象中，历史是开满文明之花的苍苍古树，是回荡万丈豪情的滚滚长河，自有其传奇与壮丽的一面，怎么能与不厚道画等号呢？掩卷沉思，这样的分析并非凭空臆想。就同任何事物都有两面性一样，历史也有另一面。不必说在史家笔下，即便在文人笔下，历史也不是大美人，有皱褶，有暗斑，有时还会是一脸横肉，不可能尽善尽美。史书看得多了你就会感受到，真实的历史并非到处都充满着仁义道德。

从春秋战国到西汉初年，中国的道德系统，一直在动荡中思辨，在思辨中困扰，繁琐的周礼、敦厚的儒学在实际上很难得以施行。宗法社会的解体、土地制度的变更、商业力量的抬头以及贵族集团之间利益的争夺，那么多错综复杂的现实问题，需要尽快给出解决的对策，倘若单纯依赖道德的救赎、仁义的感化来济世经邦，确实行不通。为什么在很长一段历史时期内，法家的主张备受欢迎，而儒家的思想却迭遭冷落？这也是重要原因之一。在这一时期的历史舞台上，曾出现过诸如春秋五霸、管仲、商鞅、张良、萧何、晁错、桑弘羊等一批叱咤风云的人物，但在他们身上，是看不到什么道德色彩的。就连那个儒家出身、为汉高祖制定朝廷礼仪的叔孙通都认为，在冒着生命危险打天下的时刻，儒生那套仁义道德根本用不上。在中国历史上，项羽较之刘邦有人情味，张士诚也比朱元璋重诚信，但前者都输得很惨。

即使是主张仁义治国的孟子，对仁政效用的认识也是有所保留的。滕文公曾经问孟子，滕国是个夹在齐楚两强之间的小国，投靠齐国就会得罪楚国，投靠楚国又会得罪齐国。投靠不见得有好处，得罪却随时有危险，这可如何是好呢？按理，孟子应当劝慰文公：只要秉持仁义，小国也会受到尊重和保护，您大可不必为此担忧。可孟子却回答说，我也不知应该怎么办。勉强要我说，那您可效仿迁居岐山的古公亶父，另选他地求生；若不愿迁徙，只好深挖沟，高筑墙，举国同心共存亡，说不定还会有转机。在现实与道德明显冲突的时世下，孟子的这番话应该是出于真心的。无奈且无力的答案，表露出孟子对"施仁政而王天下"的效力也是有所怀疑的。

综观五千年往古来今，也不是所有的统治者在所有情况下，都把仁义奉为圭臬的。这"仁义"二字，用来修身齐家、治国安邦也许还可以，但用来攻城略地平天下就行不通了。在两军对垒、你死我活的情势下，"仁义"至多是个旗帜和口号而已。那些起自草莽的绿林豪杰，撇去来路不问，他们打着"替天行道""为民请命"的旗号，一旦登上大宝，无不重蹈强权覆辙，又有几个是厚道的？不论是开国帝王还是守成之君，上台前弱肉强食，登基后扫除异己，哪里又有仁义可言？即便在太平盛世，也往往难避肮脏与血腥。诛杀有功之臣、大兴文字狱以及父子反目、兄弟相残、嫡庶争宠等喋血内讧，可以说比比皆是。季羡林说，古代帝王可以用"脸皮厚、心黑、胆子大"来概括，也是很有洞见的。用"厚黑大"来看历史的另一面，我们对秦皇汉武、唐宗宋祖采取的那些心狠手辣的举措，就会有更深层次的解读。对朝代更迭这一历史现象，也就不会再借"贫血的"仁义来掩饰，用迂腐的内耗来讥刺。

人类进入奴隶制社会后，不论哪一个王朝，兴盛也好，没落也好，开明也好，昏聩也好，仁厚也好，暴虐也好，大多不会自动退出历史舞台。社会矛盾累积到不解决就活不下去，改良方案又行不通时，革命不可避免要发生。而革命则不能那样雅致，那样温良恭俭让。战争的爆发，会把暴力使用到极致，不但能摧毁原有的社会秩序，造成惨重的民生灾难，而且会严重破坏现存道德系统。生死存亡关头，若过分黏着于道德规范，就会像春秋时宋襄公那样可笑。历史演进的线条是粗粝的，就其进程的阶段性而言，仁义并非特效药。只讲仁义，不论其他，不过是后世儒者善良而又单纯的愿望，以此来解释历史的发展，只能说是天真得可悲。

新纪元的诞生常常伴随着血与火，历史的长河中也难免涌动着污流浊浪。正义与邪恶、光明与黑暗互搏，繁荣与灾难、荣耀与耻辱并存，鲜花与荆棘、喜悦与悲伤共生。我们评价历史事件与历史人物，既不能以胜负论成败，也很难用仁义论功过。在正剧幕后所发生的悲剧，不以我们心地的善良为有无，也不以我们情感的浪漫为存废。

子罕的美德

作为春秋时宋国建筑部门的主管，司城子罕这个人太完美了。从史书的记载来看，似乎都是好评。最典型的事迹是说他谢绝受玉，以廉为宝。宋国有个农人耕地时发现一块璞石，经人鉴定为璧玉，就将其献给子罕，子罕不要，并且说："我以不贪为宝，尔以玉为宝，若以与我，皆丧宝也，不若人有其宝。"

细看《左传》文字，子罕的事迹不止于廉，还在于成全他人。那个献玉的人对子罕说，像我这样一个村野之人，怀揣玉石回乡实在不安全，弄不好小命就没了。他跪求子罕收下它，是为了免遭杀身之祸。于是，子罕就把献玉的人安置下来，请玉匠对璞玉进行加工，等他富有后再返乡。就此看来，子罕不仅以廉为宝，而且助人致富，真正是送佛送到西，堪称功德圆满了。

也有人联系今人送礼的心理，从中读出了另一层意思。说那个献玉的宋人见子罕不肯受礼，才以"性命之忧"为借口，跪求子罕收下那块宝玉的。这样的解读，似乎有些"构思过度"了。那个献玉给子罕的人，也许只是敬仰子罕的人品，认为只有子罕才配拥有这样的宝物，其心地质朴诚恳，其初衷并无所求，为何要硬逼着子罕收下呢？再说，自己献宝不成反倒因此致富，如此完美的结局，是他始料未及的，难道这一切都是他预先设计好的吗？我想，左丘明的记述，意在弘扬子罕的美德，并不在献玉这件事本身。

从《左传》到《吕览》再到《新序》，有关子罕事迹的都指向一个主题，就是子罕的官德和人品。他不仅以廉为宝，而且执政为民，是一位很有名望的春秋圣贤。鲁襄公二十九年（公元前544年），宋国闹灾荒，子罕请示宋平公，把公室的粮食借给百姓，并让诸大夫也把自家的余粮借给饥民。子罕带头出借，连字据都不写，并以那些没余粮的大夫的名义，借粮给百姓，从而使宋国顺利地度过了灾荒，国内没有挨饿的人。

子罕的口碑好，还表现在他为官不仗势，做人和为贵，与邻为善，以邻为伴。士尹池作为楚国的使节来到宋国，子罕请他进家喝酒。士尹池发现，南邻垒砌的墙凸伸到子罕家的院子里，西邻排出的水从子罕家的门前流过，就问子罕为何不管管他们呢？子罕说，南邻居家是做鞋的，我原打算让他搬走，可他父亲说，他家靠做鞋谋生已经三代人了，今若搬走，买鞋的人就找不到他家作坊，他家的生计也维持不下去了，我就没让他们搬家。西邻居家的地势高，我家院子地势低，他家的水从我家门前流过，就便、顺畅，所以没阻止他。

士尹池回到楚国，得知楚王想出兵伐宋，就进谏说：

"宋不可攻也。其主贤,其相仁……"楚王因此放过宋国,转而攻打郑国。孔子听到这件事后说,修身立德于庙堂之上,不战而屈人之兵于千里之外,说的就是司城子罕这样的人吧?孔子的赞誉,并非指术谋之威,而是人格的力量。

刘宽的雅量

一次，撒切尔夫人在官邸设宴。女侍者在为客人分汤时，不小心把热汤泼到了内政大臣的身上，这让满座宾客都很意外。这时，撒切尔夫人首先想到的是这个闯祸的女孩子。她站起身来，赶紧走到这个女孩子的身旁，拍着她的肩膀说，亲爱的，这种错误我们每个人都会发生，千万不要难过。待这个女孩子心情平复后，她才去慰问那位大臣。撒切尔夫人之所以这样做，是因为她知道当时最窘迫、最难过、最需要抚慰的是这个女孩子。

撒切尔夫人的这番举动，让我想起了1 800多年前的一个历史掌故。说的是东汉名臣刘宽，人如其名，名副其实，学识渊博，宽宏大量。不但为政以宽，官声清正，屡登高职，而且待人平和，温厚善良，就连他夫人也没见他发过脾气。一天，刘宽的夫人想试试让刘宽发怒，待他穿戴整齐准备上朝时，就让侍婢故意将肉羹的汤汁泼到刘宽的朝服上。仓促中，刘宽神色祥和，非但没有责怪的意思，反而缓缓地对手忙脚乱的侍婢说，肉羹烫伤你的手了吗？这便是典故"羹烂汝手"的由来。

在刘宽身上，类似这样宽厚待人的事例还有很多。一次，刘宽家里来了客人，就派一个奴仆去街市沽酒。等了许久，那个奴仆才醉醺醺地回来。客人觉得不堪忍受，不禁骂了声："畜牲！"过了一会，刘宽担心那位家奴因想不开而自杀，就派人到后堂去探慰他。并环顾左右说，奴仆也是人，骂他畜牲，还有比这更能折辱人的吗？有个丢了牛的人，把为刘宽驾辕出行的牛错认为是自家的牛。刘宽没有辩解，便将那头牛交给了他，自己步行回家。后来，那人找到了自己丢失的牛，便赶到刘宽府上还牛谢罪，请求处罚。刘宽说，世间相类似的物品，难免会让人看错，幸运的是你找到了自己的牛，并劳烦你把认错了的牛给我送了回来，这有什么好谢罪的呢？

  刘宽于私下里待人处事若此，在官场同样仁厚宽恕，从不疾言厉色，苛责于人。属下有了过错，只以蒲草为鞭，轻罚示辱而已；政务有了功绩，皆让给属下；治下出现灾异，每每引咎自责；巡视见了父老，辄以乡情农事相询慰；对少年弟子，则勉励他们善事兄长。刘宽气度宽宏大量，性情温厚慈爱，海内闻风都尊他为长者，百姓被他的德行所感化，世风日臻淳朴。

  宽容之心，宽恕之道，尽在为他人着想，体谅他人，善待他人。睁开眼睛看看，与你同在这个世界上的人太多，人际关系也很复杂；闭上眼睛想想，其实很简单，算来不过是你与他人的关系而已。在人际交往中，尽管许多人都以善良自诩，但当面临利害冲突时，却往往会本能地趋利避害寻求自保。我们对自己生活中遇到的些微不便，总是非常敏感，而对他人生活中遭受的灾难却往往缺乏感同身受的体验。正如我在一篇文章中说的,慈悲之心,人皆有之,为善之举,往往系于一念。遇事首先想到他人、每每发自初衷的人并不多见。只有当善意源于自发、善行成为习惯,视"难得如此"为"本该如此","为他人着想"才不会是良心发现的一时冲动,而是扎根于心灵中的主体意识和一以贯之的美德。

元顺的风骨

北魏一朝，历时一个半世纪之久，虽然是从北部边陲入主中原的游牧民族，却能勇于接受先进文明，主动融入汉家文化，并通过大规模改革，推进经济社会发展，为中华民族走向大唐，奠定了丰厚的物质文化基础。

北魏风云人物很多，今人所能熟知并经常提及的却很少。就说这元顺吧，就是一个铁骨般的铮铮硬汉。他名虽为顺，性情却不温顺，耿直刚毅，嫉恶如仇，从不趋炎附势，阿谀权贵。他任黄门侍郎时，领军元叉声威最为显赫，凡是升迁官职的人，无不登门拜谢，唯独元顺不拜，仅送去一份拜表。元叉对他说，你依仗什么不来见我？元顺正色说，天子年轻，将辅政大事委托于宗室，叔父应一心为公，举荐贤士以报国，怎可仗势卖好，让人家私下里答谢您，这难道是朝廷所期望的吗？

在朝议论政事得失时，元顺总是仗义执言，从不违心附和，因此而为人所忌惮、敬畏。尚书卢同前往营州征讨叛将就德兴大败而归，朝廷商议给其定罪。这时，元顺和侍中穆绍都在灵太后左右。穆绍曾得到过卢同的好处，很想替卢同说情。元顺气愤地说，卢同终将无罪！太后说，侍中怎么会讲这种话？元顺说，卢同有好房子送给了有权势的侍中，还怕治罪吗？这让穆绍很惭愧，不敢再替卢同说话。即便是对临朝称制的灵太后，元顺也不留面子。灵太后守寡期间浓妆艳抹，元顺批评她：这个样子焉能母仪天下，垂范世人？灵太后只好躲在宫中，不好意思出来，背地里责怪元顺说，我从千里之外召你回朝，难道是让你在大庭广众之下羞辱我吗！

  元顺任吏部尚书时，元雍多次托人让他提拔自己的一个亲信，元顺不理不睬，元雍就下命令硬逼元顺就范，却被元顺扔在了地上。元雍听说后大怒，第二天一早便来到尚书省大堂，捋起袖子，手撑案几，厉声说，我身为天子之子、天子之弟、天子之叔、天子之相，四海之内，亲近和尊贵独一无二，你元顺是什么人，竟敢把我的命令扔到地上！元顺当即也怒目相向，长吁一口气让自己镇定下来，然后缓缓地对元雍说，高祖创定的官制分为清浊两流，你要提拔的那个人不适合担任廷尉这样的清流官。殿下既同先皇是兄弟，就应遵从他的旨意，怎能坏了祖宗的规矩呢？元雍说，我身为丞相、录尚书事，怎么就不能任命一个官吏？元顺说，你这叫越俎代庖！我没听说朝廷另有旨意，让您参与选用官员的事。接着又厉声说，殿下若执意如此，我自当奏明朝廷。元雍遂大笑起来说，怎能为一小吏伤了我们的和气呢！于是站起来，喊元顺一起进入内室，设宴共饮。元顺那些刚毅不屈的故事，都与此相类似。

  元顺的宦途并不顺遂，因刚正不阿，曾几起几落，但却无怨无悔，依然故我。如是我闻，一个人要做到宁折不弯，首要的是自身正且去留无意、宠辱不惊。

荀彧的远见卓识

众所周知，三国是个群雄逐鹿、英才辈出的时代。但对研究历史的人来说，若要煮酒论英雄，就不能仅凭《三国演义》说话，而是要以《三国志》为参照，因为历史与文学毕竟不是一回事。

在《三国志》中，陈寿对荀彧的评价很高，说他"清秀通雅，有王佐之风"。综观荀彧一生，尽管他不赞成曹氏代汉自立，但他对曹魏的贡献举足轻重，尤以荐贤举能为甚。跟随曹操南征北战的谋臣，多半是荀彧举荐的，而且个顶个是拔尖人才。据《三国志·荀彧传》所述，他前后推举的都是"命世大才"，如荀攸、钟繇、陈群、司马懿、郗虑、华歆、王朗、荀悦、杜袭、辛毗、赵俨、戏志才、郭嘉、杜畿等，哪个不曾为曹操所器重，并屡献奇谋、累建奇功？

那么，荀彧有何神通，能为曹营举荐这么多有识之士呢？

说起来，其中的道理并不复杂。一个人，只有当他视野开阔、眼光宏远、智慧具足、见精识精时，才能发现世上之奇才，人中之龙凤。就是说，能识得高手的人，自己首先必须是高瞻远瞩的高手，甚或是更胜高手一筹的高手。荀彧正是这样一个为历代史学家所称道的三国第一谋臣。他不仅在政治上颇有建树、军事上颇有远见，而且在公德与私德上都为世人所景仰，所赞佩。

荀彧加入曹营后，首先提出了"奉天子而从民望"的正确主张，为曹操在政治上站稳了脚跟。建安元年七月，汉献帝自河东返回洛阳。曹操拟议建都于许以迎天子，反对派认为，山东尚未平定，韩暹、杨奉刚把天子迎回洛阳，北面联合张杨，恐难控制。荀彧力排众议，劝谏曹操说，现今天子虽已返回洛阳，但那地方一片狼藉。义士有保全朝廷之心愿，百姓有感念旧主之哀伤。如能趁此机会，迎天子以从民意，是谓大顺；秉公心以服群雄，是谓大略；持正义以纳英杰，是谓大德。这样一来，天下即便有人不服，也不会受其所累，韩暹、杨奉之流岂敢为害？若不及时定夺，待他人生出异心，那时再考虑这件事，就来不及了。于是，曹操采纳了荀彧的建议，到洛阳迎天子移都许昌。这让曹操在政治上占尽先机，形成了其他豪强无可比拟的战略优势。一时间，天下英才纷至沓来，"猛将如云，谋臣如雨"之说虽系夸张，但却能让人领略到"路线正确，天下归心"的兴旺气势。

其次，荀彧提出了"深根固本致天下"的战略方针，协助曹操规划了统一北方的蓝图，制定了先后缓急的军事路线，并多次匡正进程中的偏差，深为曹操所赞赏。一支队伍能否立足以稳、发展壮大，很大程度上取决于后方根据地是否牢固。若无巩固的后方和丰实的后备，再强大的队伍也难以为继。因此，荀彧就像刘邦帐下的萧何一样，很少随曹操出征，更多的是"居中持重"，调度筹划军国大事。兴平元年夏，曹军挥师徐州征伐陶谦，据兖州之张邈、陈宫乘机倒戈，暗中迎立吕布。危急之际，留守兖州治所鄄城的荀彧，临危不惧，沉着应对。他趁豫州刺史郭贡主意未定，劝退了兵临城下的数万人马，又派程昱晓谕东阿、范城守将，从而保全三城，稳住了后方根基。否则，曹操将进退失据，陷入困境。当陶谦病死，曹操又要攻打徐州时，荀彧再次以自己的远见卓识，说服曹操放弃这一不成熟的打算，曹操采纳了荀彧的建议，厉兵秣马，积蓄实力，先击吕布，再讨袁绍，终成大事。易中天评述说，曹操此前对未来局势并无明确认识，尚未理解根据地建设的重要性。荀彧"深根固本"之策的提出，标志着曹操势力走上了稳定发展道路。由此可见，荀彧之功并非攻城略地之术谋，而是徐图天下之大计。

再者，荀彧的德操也为时人及后世一致称颂。他虽地位显贵，却折节下士，谦虚节俭，所得俸禄、赏赐全分给宗族好友，竟无多余家产。钟繇评曰："能备九德，不贰其过，唯荀彧然。"王导评曰："昔魏武，达政之主也；荀文若，功臣之最也。"司马光评曰："荀彧佐魏武而兴之，举贤用能，训卒厉兵，决机发策，征伐四克，遂能以弱为强，化乱为治，十分天下而有其八，其功岂在管仲之后乎！"至于曹操，更是在多种场合多次赞扬他"如冰之清，如玉之洁，法而不威，和而不衰"；"积德累行，少长无悔，遭世纷扰，怀忠念治"。

曹操一生，政治上最得意的一笔是"奉天子而从民望"，而这一笔是荀彧帮他描绘的；军事上最成功的一仗是官渡之战，而这一仗是荀彧帮他决断的。因此，曹操上表曰："臣自始举义兵，周游征伐，与彧勠力同心，左右王略，发言授策，无施不效。彧之功业，臣由以济，用披浮云，显光日月。陛下幸许，彧左右机近，忠恪祗顺，如履薄冰，研精极锐，以抚庶事。天下之定，彧之功也，宜享高爵，以彰元勋。"

综上所述，不难看出，若非雄图大略之人、德高望重之辈，焉能吸引、招揽这么多贤能之士，齐心效力于曹营？单从举贤任能这一点看，荀彧就为曹操的霸业立下了头等大功。

冯异的职业操守

作为一个全新的概念和统称,职业经理人是当今大型企业高管中不可或缺的领军人物,其地位和作用,同政府机关和社会团体中的秘书长相类似。在我国古代,虽然没有职业经理人之说,但那时官署中的长史、别驾、主簿、参军、经略等佐助幕僚,在任职资格、德才素养等方面,与职业经理人不无相同之处,均属于"运筹于帷幄之中,决胜于千里之外"的智囊人物。他们的根本区别在于,职业经理人具有独立的人格,而中国古代的幕僚,则多半是人身依附关系。

新朝末期,天灾频仍,群雄并起。绿林军拥立西汉皇族刘玄为帝,建元更始。以郡掾的身份替王莽监管五县的冯异,于乱世中识得刘秀是个心系天下、体恤苍生的明主,于是就说服同僚举城来归,被任命为主簿。自此,便开始了他与刘秀共谋千秋大业的戎马生涯。

冯异爱好读书,通晓《左氏春秋》和《孙子兵法》,深明大义。但他才大而不气粗,居功而不自傲。在与刘秀朝夕相处、患难与共的岁月里,冯异不仅是刘秀的知心至交、得力助手,而且也是刘秀杀伐决断的主心骨。在刘秀为平定天下而奋斗的征途上,关键阶段的部署和韬略,都是在冯异的策划或协助下完成的。

冯异在政治上富有远见,怀柔百姓,及早为刘秀提出了收揽民心的施政纲领;军事上纪律严明,用兵有方,在几次大决战中指挥若定,为刘秀夺取天下屡立殊功;人格上谦虚恭谨,从不倨傲,虽手握重兵、独镇一方多年,却不曾为上所疑。行军中路遇诸将,不论对方职位高低、功勋大小,冯异都主动避让。每次战斗结束,大家都聚在一起逞能显摆,谈功论赏,唯独冯异避坐于大树下,默默思考成败得失,被将士们戏称为"大树将军",成语典故"坐树不言"也由此而来。剿灭王朗后,刘秀整编部队。在征求投降将士意见时,大家纷纷表示愿意归属"大树将军"。刘秀当时还不明就里,细问之下方知冯异还有这样一段来历,还有这样一个绰号,于是对他更加赏识,屡屡委以重任。

用现代眼光看,冯异无疑是一位优秀的职业经理人。从他身上可以看出,作为高级幕僚,除了要有超常的聪明才智外,还必须恪遵良好的职业操守,具备谦逊退让的亲和力、谨言慎行的自制力,唯其如此,才能形成领率群伦的感召力、剑及履及的执行力。由此联想到曹操主簿杨修,机关算尽太聪明,反误了卿卿性命。恃才放旷,骄矜逞能,不该掺和的机会也去表现,不该过问的私密也去猜度,不该踏入的圈子也去涉足,从来都是与僚佐之才的素养格格不入的。

卜式的华丽转身

西汉年间,有个叫卜式的人,因牧羊而致富。有了钱的卜式,位卑未敢忘忧国。听说国家与匈奴打仗,国力日渐不支,他就赶往都城,上书朝廷,愿将家产的一半捐给国家。

这事在朝廷引起了争议。是啊,一个平民百姓,要将那么多家产捐给国家,所图何来?于是,汉武帝就派使者前往问询。使者问卜式,你想当官吗?卜式说,从小放羊,没学过为官之道,不想做官。使者又问,家里难道有冤屈要申诉吗?卜式说,我生来与人无争。在乡里,贫穷的我就接济他们,不良者我就开导他们,邻里都愿听我的话,怎么会被冤屈呢?使者说,既然如此,你捐那么多家产,到底是为了何事?卜式说,天子要抗击匈奴,我认为,有力的应该出力,有钱的应该出钱,这样,匈奴就可以被消灭了。

使者将卜式所言禀报皇上,皇上又转告丞相公孙弘。公孙弘说,这不合人情。不守法度的人,不可以作为天下楷模以扰乱了法度,请陛下不要理会他。于是皇上很久也没答复卜式,数年后打发他离开京城。

卜式回家后，依旧放牧种田。过了些年，由于战乱加水灾，大批难民涌入河南，当地政府财政拮据，无力赈济，卜式就拿出二十万钱交给河南太守。皇上从河南呈送的捐献簿册上看到了卜式的名字，想起他就是前些年要献一半家产助边的那个人，于是就赐给卜式四百人的更赋钱，卜式将其全都交公。那时的富豪为了逃避赋税，争相隐匿家产，唯有卜式热心为国分忧。皇上为了让天下人以卜式为榜样，就拜他为郎官。

刚开始，卜式不愿做官。皇上说，那你就到上林苑中，帮我牧羊吧。卜式这才应允，穿着布衣草鞋去了上林苑。在卜式的经管下，上林苑里的羊不仅愈益肥壮，且又繁殖了许多。皇上路过见了，不禁点头称善。卜式说："非独羊也，治民亦犹是也。以时起居；恶者辄斥去，毋令败群。"卜式的话，让皇上多少有点吃惊，没想到一个放羊的还能悟出治国理政的大道理，就封他为缑氏令，试试他的才干。在他的治理下，缑氏的百姓安居乐业。又调任他为成皋令，照样干得出色，经他管理的漕运，凸显历史最佳状态。皇上认为卜式为人忠厚朴实，就拜他为齐王的太傅，后来又转为丞相。适逢吕嘉谋反，卜式上书请缨以尽臣节。皇上为其精诚所感，拜他为御史大夫。

班超评价说，卜式就像被轻视为燕雀的鸿雁，奋飞的羽翼遭受困厄，其能耐远迹于猪羊之间，若非遇上好时机，怎么能达到这样高的地位呢？

诚如斯言。卜式能从羊倌到郎官，不经意间华丽转身，成为一个没有显赫背景的布衣卿相，实属幸运。但是，这条路刚开始并不平坦。想当初，卜式进京上书，请求捐家产支援前方战事，宰相公孙弘为何会心存疑忌，让皇上不予理睬呢？还不是因为卜式既非员外，又非乡绅，出身不够显达吗！从公孙弘的言行中，我们不难读出个中意味。公孙弘察人警觉而又慎重，显现出他从政的老到，而这种偏狭的老到，多半是受制于官场习以为常的积弊。说白了，无非是问出身、查背景、看来头。好在汉武帝察人不计出身重才德，否则，这个"孤独的牧羊人"不仅好心反被猜忌，善举难以遂愿，而且永远被埋没在草野之中。好在卜式禀赋淳厚，初衷诚挚，做不做官的倒也没放在心上。

纵观历史发展轨迹，这种官场积习并未完全根除，至今流弊犹存，在评议和提拔干部的过程中时有发生。每当有新人上位，就连坊间也会打探一下，这人有什么背景，可见世俗是何等看重出身和来路。其实，在我国现代革命战争年代，有不少将才、帅才乃至谋略之才，都是放牛娃、放羊娃出身，他们加入革命队伍之初，似乎没有那么多讲究。如果也像公孙弘那样察人，他们又如何能在激情燃烧的岁月里，义无反顾地走上历史舞台，推演出一幕幕恢宏壮观的精彩大戏呢？

商鞅的跌宕人生

商鞅是幸运的，出场后身手不凡，好戏连台，一展平生之志，将胸中丘壑化为强国富邦；商鞅又是不幸的，收场时未能全身而退、完美谢幕。古人说，福祸相依，否极泰来。如果不是执迷于宿命论，而是从自然法则、人生哲学上去理解，这样的说法还是很辩证的。说来也是机缘巧合，造化弄人，商鞅的不幸竟与两个惠王都相关。

商鞅本是卫国人，姬姓公孙氏，所以又称卫鞅、公孙鞅。想当年，年轻的公孙鞅在魏国相府做中庶子，虽然只是个侍从之臣，却已崭露头角，被魏相公叔痤视为不可多得的经世奇才。可是公叔痤气量狭隘，私心太重，为保全自己相位，逼走了吴起还不算，又总担心公孙鞅取代自己，没有也不愿及早将公孙鞅予以推介。及至病危不治，大限在即，这才郑重向魏惠王举荐，以致魏惠王根本不了解也不赏识公孙鞅，把一个好端端的栋梁大器给放跑了。魏惠王若能听取公叔痤的临终嘱托，或是重用公孙鞅，或是杀掉公孙鞅，就没有后来的商鞅了，也就没有秦国的强盛、魏国的衰败了。这当然是魏国的不幸，可也正是由于魏惠王有眼不识荆山玉，造就了公孙鞅之大幸。

公叔痤去世后，公孙鞅听说秦孝公欲收复失地，颁诏高调求贤，认为机不可失，便怀揣李悝的法经毅然前往。公孙鞅入秦后，并没有急于献出帮助秦国"强筋壮骨"的"金匮秘笈"，而是对孝公到底想要什么来了一番探询，由"帝道"而"王道"而"霸道"，终于打动了孝公发愤图强之雄心。于是，一系列变法举措相继出台：废井田，开阡陌，平税赋，允许土地流转；重农桑，奖耕战，严法令，废除世卿世禄；建户籍，废分封，行县制，统一标准衡器。在孝公鼎力支持下，新法得以强势施行，秦国逐渐壮大起来。公孙鞅先任左庶长，旋升大良造，后因收复西河失地有功获封商于十五邑，终于化蛹为蝶，完成了由法家士子公孙鞅到战国名臣商鞅的华丽转身。孝公成就了商鞅，兑现了当初招贤的承诺，商鞅也还给孝公一片大好河山。直到这时，魏惠王才醒悟过来，后悔当初没能采纳公叔痤的建议。

然而"祸兮福所倚，福兮祸所伏"。由于商鞅变法沉重打击了奴隶主的特权，削弱了他们在地方的势力，引起了宗室贵戚的强烈不满，孝公一死，形势便发生了惊天大逆转，商鞅的厄运也因秦惠王的继位而降临了。正如标题所言，商鞅的两次不遇，起之魏惠王，落于秦惠王。

据《战国策》《史记》等正史记载，商君治理秦国，执法令行禁止，公平无私。处罚，不避讳强权；奖赏，不偏私亲信。法令触及太子，就处罚他的老师。一周年后，道不拾遗，民不妄取，军备大大增强，诸侯无不畏惧。孝公实行新法十八年后，重病卧床不起，打算传位给商君，商君辞谢不受。孝公死后，惠王继位，执政不久，商君请求告老还乡。有人游说惠王说，大臣权势太重的话，就会危及国家；左右关系太亲的话，就会危及自身。现在秦国就连妇幼都说商君之法，而不说大王之法，商君反倒成了人主，大王反倒变为人臣了。况且商君本来就是大王的仇人，望大王想办法对付他吧。曾被商鞅处置过的公子虔等一干人，则告发商君意欲谋反。于是，秦惠王便下令追捕商鞅。商鞅逃至边境，打算住店。店主不知他是商君，不敢收留他，解释说，商君之法规定，留宿没有证件的客人是要判罪的。商鞅想回魏国，魏人怨恨他欺骗公子卬而打败魏国军队，拒绝他入境。其他国家则因畏惧强秦而不敢接纳他。无奈，商鞅只好回到自己的封邑，举兵抵抗失败后，被秦惠王车裂示众，其全家也受到株连。正像普罗米修斯窃火到人间却要遭受残酷折磨一样，中国历史上那些革故鼎新的铁腕人物，下场大多比较惨烈。好在秦惠王不是个糊涂人，他虽然结束了商鞅之命，却并未结束商鞅之法，从而保持了政策法律的连续性，使秦的国力得到持续发展，为后来嬴政统一天下奠定了坚实的基础。

　　有道是"性格决定命运"。商鞅的不幸，其实同魏惠王、秦惠王没有必然联系，却同他的性格有关。在《史记·商君列传》中，司马迁评论说，商鞅是个天资刻薄的人，当初他由宠臣引荐，用帝王之术取悦孝公，靠的是虚浮之说，并非他的本质。得到任用后，施刑公子虔，欺骗公子卬，不听赵良劝，也都说明商君寡情薄恩。我曾经读过商君《开塞》《耕战》等书，内容同他这个人的行事风格相似。他最终在秦蒙受恶名，是有缘由的啊！尽管司马迁的话并非金科玉律，但人的行为和结果，很难摆脱性格的影响，这可以说是一再被证明了的普遍规律。

寇准的幸与不幸

最早知道寇准这个历史人物，是在二十世纪中后期流传很广的杨家将故事里，记得那部戏曲片名叫《寇准背靴》。这段虚构的剧情，将寇准借吊唁之机，私下里刺探真情的举动，刻画得惟妙惟肖。其实，历史上的北宋名相寇准，与杨延昭素未谋面，也没有什么交往，怎么可能亲临天波府邸，背靴暗访，察明真相，向皇上吁请杨延昭复出抗辽呢？后来又有一部20集电视连续剧《寇老西儿》上演，反映的是他不畏强权、秉公断案的故事，剧情或多或少也有些虚构，因为故事均出自民间传奇色彩很浓的《杨家将演义》。

于史有据的寇准，天资聪明，勤奋好学，十九岁那年，与大他四岁的王旦同榜录为进士，且同朝为官，因此互称同年。寇准性情张扬，耿直率真；王旦低调内敛，胸怀大度。

寇准心里藏不住话，曾在皇上面前数揭王旦之短，而王旦则总说寇准之长。一天，宋真宗对王旦说，你尽管常夸寇准的好处，但他却专挑你的毛病。王旦回答，理固当然。臣居相位久了，政事缺失必然多些。寇准对陛下能无所隐瞒，可见他的忠直。这也是我看重并保举他的原因。

由此，真宗更加赏识王旦的贤德。

当时，王旦掌中书省，寇准掌枢密院。中书省有文送枢密院会签，寇准见不合诏令格式，就把这事捅到皇上那里，王旦因此受到责问。王旦不但没介意，还到枢密院登门检讨、致谢，并对相关办事吏员进行了责罚。不到一个月，枢密院有文送中书省，也不合诏令格式，办事吏员高兴地呈给王旦，可王旦却令其送回枢密院更正。寇准深感愧疚，见王旦说，您怎么会有这样大的度量呢？王旦也没说什么。当寇准被免去枢密使职位后，曾托人私求王旦举他为使相（节度使、同平章事，并称于宰相）。王旦诧异地说，将相重任，岂可求得？我不接受私请。寇准不悦，深以为憾。事隔不久，皇上授予寇准武胜军节度使、同平章事。寇准入朝叩谢说，若非陛下知遇，臣哪有今日？皇上说，这是王旦力荐的结果。寇准愧叹，自觉德量远不及王旦。

王旦为相期间，宾客满堂，但从不接受私人请托。经察可以交谈及素知其名者，数月后就予以召见谈话，询访四方利弊，或让他们书面呈报上来。发现才有所长者，默默记下名字。其人如果再来，就不必再见了。后人整理、修订史料时，从王旦的奏折和皇上的批阅中发现，朝廷许多栋梁之材，都是王旦举荐的。什么叫"荐贤贤于贤"，王旦就是个榜样。

王旦病重之际，宋真宗让人用轿子将王旦抬入禁宫，忧心忡忡地对他说，爱卿万一命有不测，朕将天下大事托付给谁呢？王旦说，知臣莫若君，惟明君能够选定。皇上再三询问，王旦才勉强举起笏板说，以臣愚见，莫若寇准。王旦病逝不久，真宗果然起用寇准为相。

寇准是幸运的，遇到了一位与自己同榜入朝的好同年。但是，这种幸运并非常有。寇准曾同丁谓交好，认为他颇有才干，屡次向李沆举荐，李沆不予任用。追问起来，李沆说，看他为人，能让他居于别人之上吗？寇准说，那也不能一直压着他呀？李沆笑着说，等你将来后悔时，就会想起我的话。当初，丁谓在寇准门下供事时，对他很是恭敬，爬上了高枝后，对他一再倾轧。寇准这才佩服李沆高明的察人之识。寇准秉性刚直，说话不太顾及别人的感受。寇准曾同丁谓一起在中书省聚餐，丁谓见寇准的胡须上溅了些羹汤，就起身慢慢为其拂拭。寇准笑着说，参知政事乃国之大臣，是为官长擦胡须的吗？按说这不过是句玩笑话，但在丁谓看来，这是有意羞辱他，切齿记恨在心，寻隙打击报复。此后的日子里，丁谓对寇准的构陷和挤兑变本加厉，必欲置于死地而后快，致使寇准一贬再贬，一直放逐到当时的蛮荒之地雷州。丁谓也因此为后世所诟病，斥之为"奸邪之臣"。

寇准一生几起几落，幸与不幸交替发生，都同他遇人淑与不淑相关。遇到像王旦这样心地坦荡、宽宏大量的人，就认为他刚直不阿，有胆有识，举荐他，擢拔他；遇到像丁谓这样心胸狭窄、小肚鸡肠的人，就认为他刚愎自用，不谙世故，诬陷他，打压他。这也从另一个侧面告诉我们，官员的心理素质是影响其从政行为的潜在动因。那些心理阳光、坦荡正直的人，无论职位高低，都能谦恭自守，公平待人，默默奉献，慎始善终；那些心理阴暗、变态畸形的人，一旦大权在握，就会专横跋扈，排斥异己，多行不义，走向极端。

曾国藩的"起跑线"

作为中国近代史上的风云人物,曾国藩的修为、才学与业绩,已为越来越多的人所熟知,所认可。但从大量阐发曾国藩成功之道的文章中,我们看到的大多是他顺时应运的一面,理想化的赞誉居多。细看历史你会发现,曾国藩出身寒门,天分不高,发轫之初颇为不顺,比起那些春风得意的幸运儿,其人生征程的每一次起跑,都遭遇过失败。他曾连续七次才考中秀才,连续三次才考中贡生,殿试成绩也不很理想,若非志存高远,锐意进取,从而得到高人的赏识和引荐,险些输在"起跑线"上。

道光十八年(1838年),曾国藩举债进京,第三次参加会试。所幸的是终于考中第三十八名贡士,并以复试第一的成绩进入殿试,遗憾的是名列三甲第四十二名,赐同进士出身。从科举史料中我们知道,"非进士不入翰林","非翰林不入内阁",不登二甲是进不了翰林院的。"同进士出身"不过是个安慰性的名分而已,用今天的话说,就是相当于进士。这对草根学子来说,已经足慰平生,但对满怀报国之志,以求鸿图高飞的人来说,总觉得不太完美。据《清稗类钞》考试第十二记载,时年28岁的曾国藩为此羞愤难耐,当天就要打车回乡。多亏乡贤劳崇光的一番劝慰和指点,这才重新打起精神,准备即将开始的朝考。

劳崇光乃道光十二年进士,时任翰林院编修。他为人慷慨,爱惜人才,听说曾国藩因考试成绩不理想而气馁,就问他可知读书人修身养性目的是什么,又该怎么做。曾国藩的回答让劳崇光颇为满意,便点拨他说,读书人当以立志为之本,为学有为学之志,修身有修身之志,做人亦有做人之志。有志则断不甘下落,而无志者事则无成。

在劳崇光的悉心安顿下,曾国藩按时参加了朝考,并拜谒了主持会试的穆彰阿。此前,劳崇光已遣人将曾国藩的诗文抄写出来,呈送给穆彰阿以及当朝政要预览。穆彰阿对曾国藩的策论和文笔都很称心,交谈之后颇感投契,勉励他莫以士子为限,而要高飞远举,以成大器,并取"国之藩篱"之意,建议他将原名曾子城改为曾国藩。

这个重新定义人生的名字让曾国藩雄风重振,并凭借自己的扎实功底,在朝考中名列一等第三名,道光皇帝对其文论也颇为赏识,朱笔一挥,拔为第二,授翰林院庶吉士。这样的结局,不仅让关注这次朝考的人吃惊,连曾国藩本人也觉意外。自此,曾国藩终于跃出了科举的"起跑线",开始了他宦海生涯的辉煌之旅,最终成为修身齐家的楷模,治国安邦的栋梁,位列晚清四大"中兴名臣"之首。

尽管曾国藩23岁才考取秀才,24岁中举,28岁那年连续考了三次,方得以进士及第。可他从29岁始,读书治学不辍,修身齐家不息,并坚持写日记到临终前一天。用他自己的话说:"每日楷书写日记,每日读史十页,每日记《茶余偶谈》一则,此三事未尝一日间断";"凡身过、口过、意过皆记之。"皇皇200万字蝇头小楷,忠实地记录了曾国藩的人生轨迹与心路历程。仅就"活到老、学到老、改造到老"的恒心而言,就足以令世人钦佩有加。梁启超对曾国藩就更是推崇备至,"曾文正者,岂惟近代,盖有史以来不一二睹之大人也已;岂惟我国,抑全世界不一二睹之大人也已。然而文正固非有超群绝伦之天才,在并时诸贤杰中,称最钝拙;其所遭值事会,亦终身在拂逆之中;然乃立德、立功、立言,三不朽,所成就震古烁今而莫与京者,其一生得力在立志自拔于流俗,而困而知,而勉而行,历百千艰阻而不挫屈,不求近效,铢积寸累,受之以虚,将之以勤,植之以刚,贞之以恒,帅之以诚,勇猛精进,坚苦卓绝,如斯而已,如斯而已。"

司马光的人品和家风

在中国历史上，司马光是个响当当的名字。这不仅因为他天资聪颖，砸缸救人的故事妇孺皆知，还因为他学术成就斐然，主持编纂的《资治通鉴》称誉后世，更因为他人格高尚，品德至诚，操守坚贞，家风严谨，历来为人景仰。

司马光去世时，朝廷中止了明堂大礼，百姓放下手中的营生，纷纷赶往吊唁。人们对司马光遗像的需求量太大，一时供不应求，有的画工因此发了大财。他的灵柩运回家乡时，各地赶来送葬的有数万人之众，沿途搭祭棚有900处之多。朝廷对司马光以一品礼服入殓，封赠太师、温国公，后人遂以温公尊称。

朱熹这样评价他："公忠信孝友恭俭正直出于天性，其好学如饥渴之嗜饮食，于财利纷华如恶恶臭；诚心自然，天下信之。退居于洛，往来陕洛间，皆化其德，师其学，法其俭。"史书关于他的美谈很多，其中大部分讲述的是他的人品和家风。

司马光生性不喜华靡，素以俭朴自守，穿的是粗布衣服，吃的是粗茶淡饭。在洛阳编修《资治通鉴》时，住在城郊西北的一个小巷中，居所极为简陋，仅能挡风遮雨。夏天为避暑热，他请工匠挖地丈余，用砖砌成地下室，读书写作其间。大臣王拱辰当时亦居洛阳，所建宅第凌天高耸，最上一层称朝天阁。洛阳人戏称："王家钻天，司马入地。"邵康节则打趣说："一人巢居，一人穴处！"

司马光不收任何人送给他的礼，就连皇上的赏赐也不受。仁宗皇帝临终前立下遗诏，赐予司马光等大臣一笔价值百余万的金珠。司马光考虑到国家财力不逮，便领衔上书请免。力辞再三未果，只好将自己那份珠宝交谏院充作公费，金钱接济了亲友，自家分文未留。司马光为官四十年，仅有薄田三顷，所得薪俸大多周济了穷人。其妻去世时，竟拿不出钱来办丧事，只得典当薄田置棺理葬。司马光临终床箦萧然，唯枕间有《役书》一卷，故吕公著为挽词云："漏残余一榻，曾不为黄金。"

司马光府上有个仆人，三十年来一直称呼他"秀才"。前来拜会的苏轼，听后觉得不恭，就教他以后改称"大参相公"。作为称呼，"相公"是指"位居宰相之职并享有公爵爵位的人"。司马光听仆人突然改口，吃惊地问他谁教的，仆人如实禀告。司马光说："好好一个仆人，被苏东坡教坏了。"在司马光看来，"贤者居世，会当履义蹈仁，以德自显，区区外名何足传邪！"他不仅自己不吝身份，也不希望家人为世俗所染，变得势利起来。

俗话说，"宰相家人七品官"。在封建社会里，因势焰熏灼使然，官宦府邸中人，即便车夫、门子，身价也非同一般。如果家规不严、门风不正，他们就会倚权仗势，寻衅滋事，有恃无恐，横行不法，甚至贪污受贿，作奸犯科。据《清仁宗睿皇帝实录》记载，和珅的大管家刘全，查抄资产竟至二十余万，并有大珠及珍珠手串。若非纵令需索，何得如此丰饶！即便在今天，领导"身边人"犯罪的案件也时有耳闻。这样的事，在司马光家人身上是不会发生的。

一天，司马光经过独乐园，见新盖了一间厕屋，就问守园者，建房的钱是从哪里得来的。守园者答，是我把游人给的赏钱积攒起来的。司马光说，为什么不留着自己用？守园者说，难道只有相公您不要钱？守园者的回答很有意思，一句反问，就把主仆双方的为人都说清楚了。赏钱属于个人正当得利，留为己用合情合理，守园者却用于公共设施，这显然超越了一般职业操守。也许是我们对那些假公济私、中饱私囊的行径看得太多了，愈发觉得这位守园者可敬。他能这样做，无疑是受到司马光的熏陶。人格的魅力有多大，影响力就有多大。

在司马光手下当差，无势可仗，无光可沾，也无油水可捞，显然要比其他公府豪门清苦。但因主人夫妇待之以诚，持之以礼，从不欺凌打骂，他们活得自在有尊严，心里感到踏实，这可不是金钱能够买得来的。因此，他们不仅安贫若素，没有怨言，而且也像主人一样平和敦厚，不慕奢华，不图富贵，老老实实做人，勤勤恳恳做事。

行胜于言，温公家风的形成，很大程度源自身教。"修持治平"四字，司马光践履得十分到位。他深知"由俭入奢易，由奢入俭难"，"俭能立名成业，侈必堕落自败"，并视为"大贤之深谋远虑"。因此在身教同时，非常重视言教。《训俭示康》一文，就是司马光专门教诲继子司马康所撰。由于身教言教并重，其家族后人也都以贤德立身，绝无"官二代"之累。司马光一生著述颇丰，收入《四库全书》的就有16种457卷。影响力大的除《资治通鉴》外，就是《家范》了。《家范》广泛收集了治家有方的实例，系统阐述了家庭伦理关系、治家原则以及修身处世之道，为历代推崇的家教范本。司马光自己说，《家范》比《资治通鉴》更重要，因为家风是世风之基。

家天下的殉葬者

王彧,字景文,琅琊临沂人。沈约所撰《宋书》评价他"美风姿,好言理,少与陈郡谢庄齐名"。就是说,王彧是个颜值颇高的美男子,好言理道,年轻时与文学大腕谢庄名望相等。宋文帝在位时,王彧官至尚书右仆射。文帝非常敬重他,以至爱屋及乌,对王彧的名字也有好感,为儿子取名刘彧,并娶王彧之妹王贞风为儿媳。明帝刘彧即位后,王彧为避其讳,只好以字相称。

人在穷途时巴望富贵,但当富贵临门时,却又担心官高贾祸。随着家门愈益显赫,眼见得那些疑有不能奉幼主之嫌的将帅被诛,王景文的内心也愈益恐惧。所以当明帝再次给他加官封侯时,他不是"固辞"就是"固让",甚至"不愿还朝"。可明帝又坚决不允,并下诏开导他说,你乃品性高洁的宗室中人,才能与声望又不输于他人,你不干谁干?高处有高处之险,低处有低处之患,与其刻意避祸,不如顺其自然。"人居贵要,但问心若为耳。"话说到这个份上,王彧"不得已乃受拜"。

俗话说,"是福不是祸,是祸躲不过"。明帝已患重病,担心太子稚弱,日后继位不顺,此前就把弟弟们给除掉了。

让他放心不下的还有两人，王景文就是其一。明帝思虑，一旦自己不在了，皇后势必临朝，景文自然成为宰相。身为国舅的王景文，门族强盛，难保晚年仍能纯厚笃实。泰豫元年（472年）春，明帝病势加重，就派使者给王景文送去赐死毒酒，带话给王景文说，朕不是说你有罪，然而我不能一个人独死，请你先走一步。并在诏书中申明，看在朕与你交情的份上，想要保全你一家，所以才作出这样的安排。

诏书送达的那天晚上，王景文正与客人对弈。他看完诏书后，原样封好放到棋盘下，神色怡然不变，继续与客人下棋，待这局棋终了，把棋子收拾到奁内后，才缓缓对客人说，皇上赐我一死。说着，拿诏书展示给客人看，并研墨手书谢表。然后端起毒酒，边斟边对客人说，此酒不可相劝，说罢独自仰而饮之。

由于封建时代的官场远比江湖险恶，因而吕本中、曾国藩、汪辉祖等人所著的官箴，总是劝人要知进退之道，可南朝刘宋重臣王彧，却如同一匹被套牢在皇家马车上的辕马，进则前路莫测，退又不能解套，最终未能得以善终。

大限临头，王景文仍能从容下完最后一盘棋，这种置生死于度外的淡定，引无数后人敬佩不已，赞叹不已。更让人感慨的是，像王景文这样的人物，为何也难逃枉死之咎呢？

说到底，这与封建帝王的统御策略紧密相关。众所周知，封建帝王都是世袭君主制，他们打下江山后，国家便被其据为私有，不仅终身为王，而且世代相传，这就是我们通常所说的家天下。骆宾王为徐敬业所作《讨武曌檄》中，那句"试看今日之域中，竟是谁家之天下"，无非是说，天下不是武周的，应该归还李唐。武周也好，李唐也好，都是一姓独占的天下。既然江山是帝王的私产，他们在经营国家权力过程中，特别是在用人上，就要千方百计地权衡对帝统的存续是否有利。当下用你，是因为你能保家卫国；用过杀你，是因为你有可能使家天下易主。即使你不会让家天下改姓，却会另择帝统，安置傀儡，以专权营私，照样在被清除之列。

总之，家天下从根子上就与公天下、公权力绝缘，是一个私利性极强的权力机构。看清了这一实质，我们就会明白，王景文为何在劫难逃了。为了能让自己选定的直系血亲皇子继承大统，父母兄弟都在清算之列，国舅等外戚又岂在话下？其实，王景文早就料到会有这一天了，否则，他也不会那么镇定。于是，就有了后世那句常言"君教臣死，臣不得不死"。在中国封建社会中，类似王景文这样的功高爵显之臣，到头来大多难得善终，究其实盖因为此。所谓"功高震主"，不过是诛杀功臣的一个堂而皇之的托词，也并非所有的功臣都没有好下场，问题的关键在于，那些位高权重之辈，是否威胁到帝统传承的安全。这里所说的"威胁"，不单是既成的、现实的，还包括潜在的、可能的，只要稍有嫌疑的成分，就会被打入"威胁"之列。

北魏时的"犀利哥"

媒体上把那个被网民围观的流浪汉叫作"犀利哥"。若把历史往前翻一翻,这个无意中被"犀利"的人,比起北魏王猛的"犀利"本色和劲头来,还差得远了。

王猛,字景略,东晋北海郡剧县(今山东寿光市南)人,后移家魏郡。十六国时期著名的政治家、军事家,在前秦官至丞相、大将军,辅佐苻坚扫平群雄,统一北方,被称作"功盖诸葛第一人"。

王猛出身寒门,小时候靠卖畚箕为生。一次,王猛远到洛阳卖畚箕,碰到一个出高价买他畚箕的人。那人说是自己身上没带钱,住处离此不远,可随他前往取钱。王猛见他肯出高价,就随那人走进深山,见一老者,须发皓然,踞床而坐,左右十几人,有一人引王猛进拜。老者说:"王公何缘拜也。"于是出了十倍的价钱买畚,并派人送行。出山后,王猛环顾四周,才认出是嵩山。后世文人遂用"卖畚"说事,比附贤士贫贱或隐逸。清王士禛诗云:"洛阳货畚无人识,五月骑驴入华山。"说的就是这个掌故。这件事虽然出自正史,但显然笼罩有传说的光环。无非是借助山中那位老者的眼光,演说卖畚箕的王猛乃将相之才,日后必定能官居王公。这样的传说，史书不绝如缕，通常是在一个人成名之后倒推出来的，看官切切不可被其忽悠了。

成年后的王猛，学识广博，好读兵书，谨慎稳重，严肃坚毅，气概雄强高远，不为琐事萦怀，若不是志趣相投之人，根本不与交往。虽然满肚子文韬武略，胸有治国安邦平天下之大计，但因平素言行怪诞，不拘小节，浑身上下邋里邋遢，招致邻人的恶评不说，走在大街上，还经常被那些崇尚浮华之士所嘲笑，没人知道他是块什么料，更不曾想他将来能成什么大事。尽管如此，王猛仍是悠然自得，丝毫也不介意。

桓温挥师北伐，驻军灞上。王猛听到这个消息后，身着麻布短衣前往求见。守门的卫兵见他那个样子，不是个乞丐也是乡巴佬，坚决不予放行，双方就争吵起来。争吵声惊动了桓温，出来一看，来人虽然不修边幅，蓬头垢面，但气质不俗，就邀请他到帐下交谈。大庭广众之下，王猛一边对答如流地纵论时势，一边旁若无人地捉虱子，大营里的卫兵都被他给逗乐了。

这一番畅谈，与隆中对策好有一比。要不然，后人怎么会称他"赛诸葛"呢？桓温很欣赏这位扪虱寒士的眼光和才干，惊为天人而不是怪人，认为江东无人与之能匹。撤军时，桓温力邀王猛一起南渡，为东晋效力。王猛这次来访，本来是想打探一下桓温的志向，大约是看出了他非成事之人，当场笑而不答，事后还是留在了洛阳，隐居市井，埋头读书。直到他出山辅佐苻坚，共襄兴废大事时，时间已经过去二十年。

在这战乱频仍的二十年中，比之前更加落拓的王猛不知是怎么度过来的。史书记载只有寥寥数语，大意是说，王猛寄身于乱离的洛阳街头，坊间无人知道他的分量，甚至怀疑他是个神经病。仅此描述也可以看出，行走在穷街陋巷之中、身着破衣烂衫的王猛，大约就是一个另类十足的"犀利哥"。

南宋军中"第一虎"

南宋绍兴年间,临安府西湖东岸曾建有一座豪华盖世的酒肆,唤作"太平楼"。楼主不是一般商贾,而是南宋中兴四将之首的张俊。这位原曾抗金有功的主将,后来转为主和偏安,并请求辞去兵权,专一聚敛财富,由杀敌报国的三镇节度使,变为富可敌国的清河郡王。现今西湖的"清河坊"街区,即因当年的清河郡王府邸所在而得名。张俊的豪奢非同寻常,并创下了史上少有的显赫名头。这里只需略举一例,就足以令人咂舌。

绍兴二十一年十月,宋高宗携大大小小一百多名官员和随从,驾幸清河郡王府第。张俊为接驾供奉,排筵席、列珍馐、献珠宝,费尽了心机。这次家设御筵,是按时辰、有节次、分等级进行的,先后进献上等酒食果子几百种、金器三千两、珠子六万九千多颗、玛瑙碗三十件、各种精细玉器四十多件、绫罗缎绵一千匹以及一大批名贵古玩、字画等,堪称史上第一豪宴。

高宗进门落座之初,就分七轮上了七十二道盘子。歇息片刻再落座后,又分六轮上了六十六道盘子。接下来正餐开始,前后下酒十五盏次,每一盏次上菜两道。其间,还有插食七品、劝酒果子十番、厨师劝酒菜十味。另外，还备有"细垒"四桌和"次细垒"两桌以及"晚食"五十份，以备不时之需。节次食单上的果蔬、蜜饯、菜肴、羹汤、粥饭、饼食等，名堂多得令人眼花缭乱，有些花式闻所未闻。

其实，上述只是张俊"最多赀"的一个华彩片段。在历史典籍中，关于他爱财、贪财、敛财的掌故还有许多。

《夷坚志》记载，张家白银无数，又担心贼惦记，于是就将每千两银子熔铸为一只大球，视之为"没奈何"。意思是谁也奈何它不得，纵有小偷光顾也搬不走。

《坚瓠集》记载，南渡诸将俱封王，尊荣安富，而张循王尤善治生，其罢兵而归，岁收租米六十万斛。绍兴间内宴，有优人作善天文者云："世间贵人必应星象，我悉能窥之。当用浑天仪设玉衡对其人窥之，见星而不见人。玉衡不能猝办，用钱一文亦可。"令窥光尧，曰："帝星也。"秦师垣，曰："相星也。"韩蕲王，曰："将星也。"张循王，曰："不见其星。"众皆骇，复令窥之，曰："不见星，只见张郡王在钱眼内坐。"殿上大笑。

那么，张俊如此"多赀"的家底是怎么来的呢？

说起来，这与宋朝立国之后的治军之策有很大关系。宋太祖为防重镇在握的将领拥兵自立，以加强中央集权，即位之初就采取了"杯酒释兵权"的绥靖策略，虽然避免了汉代诛杀功臣以防江山易主的恶例重演，但也为后来军队的腐败种下了祸根。

当年，开国元勋石守信等，深知赵匡胤的心意，就上表自请免去兵权，专任天平军节度使。自此"专务聚敛，积财钜万",乐享荣华富贵。朝廷的绿灯一开,其他如张永德、赵延溥、祁廷训等也都加入到"回易"(即商贸)队伍中来,以至于走私贩卖、与民争利的官商盛行。有人从《清明上河图》中发现,城墙下的军营遍布商铺,城上传递火情和军情的"望火楼"竟然无人值守。

赵宋皇帝为了转移军队将领对权力的觊觎,默许他们经商图利、沉醉太平,客观上缓解了君臣之间的紧张关系,也在一定程度上弥补了军费之不足。但是,军营官府经商之风一旦蔓延开来,中饱私囊的贪腐之风也跟着泛滥起来,必然会带来军纪败坏、军备废弛等一系列问题,削弱了凝聚力和战斗力,以致在对敌斗争中反应失措,屡遭边寇侵凌,终被金兵所灭。

半壁江山沦陷后,康王赵构到应天府鸿庆宫祭祀祖庙后,即位为宋高宗,尔后一路逃亡江南,到得杭州后方立定行在,升为临安府,治所钱塘,是为南宋。张俊在北宋时曾屡立战功,后因平叛、勤王有功,得以加官晋爵,成为高宗的宠将。绍兴十二年,张俊迎合朝廷对金议和的意向,自请解除兵权,授枢密使。张俊乐得清闲,自此更加专注于发财致富,变着法子逍遥自在,且能得以善终,死后被追封为循王。

张俊敛财手段并不复杂,也无须原始积累,不过是因循北宋老例而已。兼并土地也好,扩张房产也好,靠的都是权势。建宅造屋、回图贸易等所需劳务,也不必雇工付酬,调遣手下的"厢兵"即可。宋代组建有留守性质的"厢军",名曰"常备军",其实是中央机构和各州府的勤务兵，专一承担修建、运输、邮传等杂役。皇家的宫室、自家的宅邸以及经商敛财的瓦舍勾栏，包括上文提到的"太平楼"，都是役使"厢兵"建造的。张俊在"厢兵"中挑选了一批壮丁，全身刺满锦绣花纹，让他们短打出游，纵民围观，由此得了个"花腿军"的称号。士兵中流传的歌谣唱道："张家寨里没来由，使他花腿抬石头。二圣犹自救不得，行在盖起太平楼。"（见庄绰《鸡肋编》）

利用手下的兵力资源为自己创造财富，张俊不仅玩得转，而且玩得精。据当朝罗大经所著《鹤林玉露》丙篇卷二记载，循王张俊之兄张保，曾抱怨循王不相援引，循王说，现将十万缗钱、五千兵卒交付与你，要使钱与人流转不息，你能办到吗？张保沉思良久说，不能。循王说，这就是我不敢轻易引荐哥哥的原因啊。循王春日游览后花园，见一老兵躺在太阳底下睡懒觉，就问他何以慵眠如是，他说无事可做，问他会做什么事，他说诸事都会一点，如回易之类的，也粗略通晓。循王说，我付你一万缗钱回易如何？老兵说，不够用。循王说，那就给你五万。老兵说，也不够用。循王说，你要多少？老兵说，不能给百万，也得给五十万方可。循王欣赏他的勇气，即给了他五十万任其支配。这位老兵张罗准备了一通，就扬帆出海而去。一年后满载而归，从海外诸国购得大量珍奇珠宝和骏马，获利几十倍。

在宋代，"以商养军"是合法的，其初衷无可厚非，也确实能缓解军费不足之困。问题是这一特许政策弊多于利，其腐蚀性之大，无异于自毁长城，因此历来为执政者所戒惧、所禁忌。

史上反战第一人

假如诺贝尔和平奖颁发给历史上对维护人类和平作出过突出贡献的个人,那么,先秦时期中国的墨子是当之无愧的。早在两千多年前,他老人家就已创立了反对不义战争的系统理论和严密组织,并身体力行地付诸行动,是一位名副其实的反战义士、义无反顾的和平使者。

墨子有反对不义战争的理论和纲领。现存五十三篇的《墨子》一书,集中记述了墨家学派的思想和言论。其中,"兼爱"与"非攻"占据了重要篇幅。这两部分论述,是墨家履行维护人间和平义务的理论基础,并鲜明地写在自己的旗帜上。

"兼爱"是墨子社会伦理思想的核心。所谓"兼爱",就是不受地域、家族、等级、地位的限制,彼此之间"兼相爱、交相利"。用现在的话说,就是"平等""博爱""让人间充满无差别的大爱"。墨子一生席不暇暖,不遗余力地弘扬"兼爱",为的是让天下苍生在兼爱互利中共同走向和谐与富足。"若使天下兼相爱,国与国不相攻,家与家不相乱,盗贼无有,君臣父子皆能孝慈,若此,则天下治。"尽管他把乱世的根源归之于"不相爱"失之偏颇,以"兼相爱、交相利"的办法救世也不够现实，但这一学说对当时以贵族为核心价值的道德体系具有进步的批判意义，对后世的社会变革也具有积极的借鉴意义。孙中山弘扬的天下大同思想、倡导的平等博爱精神，正是源于墨家的学说。墨子所宣扬的视别人的国家如同自己的国家，国家之间互不攻伐；视别人的家庭如同自己的家庭，家族之间互不争夺；视别人的身体如同自己的身体，人与人之间互不侵害，这同今天倡导的"国家之间和平共处、家庭之间和睦为邻、人与人之间友爱互助、整个社会和谐发展"的理念非常相似。

"非攻"是墨子反对不义战争的行动纲领。以"义"与"不义"为标准，墨子把天下的战争分为两大类：讨伐不义的战争谓之"诛"；侵吞他国的战争谓之"攻"。所谓"非攻"，就是采取积极防御的手段和行动，反对并消弭一切不义战争。《非攻》是《墨子》的名篇，也是墨子反对不义战争的行动纲领。"非攻"以"兼爱"为理论基础，是"兼爱"思想在战争观中的延伸和体现。它晓谕人们，国家之间兼爱才能做到非攻，只有非攻才能保证兼爱。为了解决当时诸侯国之间的矛盾，墨子把"非攻"作为处理国家间关系的基本准则，这对好战的君王是约束，对弱小的国家是保护，对黎民百姓则是避免或减轻战争苦难的福音，符合劳苦大众的利益和要求。因此，有人把墨子誉为和平主义和人道主义理论的先驱。在和平与发展成为当代主题的今天，重温"兼爱""非攻"之道，有着重要的现实意义。

墨子有反对不义战争的组织和体制。为了传播自己的思想，实现自己的主张，墨子非常重视发展和训练自己的门徒。这些门徒通常来自社会下层，大多是有知识、有技能的劳动者。墨子依据他们的倾向和能力，分为谈辩、说书和从事三组加以训练，做到"默则思，言则诲，动则事"，所谓"能谈辩者谈辩，能说书者说书，能从事者从事，然后义成也"。在墨子训导下，墨家组织严密，纪律严明，形成了一个行事效率较高的社会团体。墨家的首领称为"巨子"，由品德贤良、无私无畏、以身作则、秉公执法者担任，深得众人拥戴，具有号令一切的最高权力。所有的墨者都要服从"巨子"，厉行墨家之法，即使面对统治者的严罚厚赏，遭逢意料之外的非常情况，也要无条件地遵从，践行原定计划和承诺。若有不测，宁肯以身殉职。到各地任职的墨者，获得了高官厚禄也不独享，而是将俸禄捐献给组织，做到"有财相分"。《淮南子》说："墨子服役者百八十人，皆可使赴火蹈刃，死不还踵，化之所致也。"这种至死也不退缩的精神，既源于道义，也源于教化形成的制度和纪律。到后来，墨者的队伍不断壮大，"徒属弥众，弟子弥丰，充满天下"。可见，墨家是一个有组织、有纪律、有学说、有技艺的务实学派。

墨子有反对不义战争的实践和行动。墨子把维护公理与道义看作是义不容辞的责任，有着强烈的社会实践精神和忘我牺牲精神。他与他的弟子们吃苦耐劳，严于律己，过着极其简朴的生活。平时，他们在各地从事生产劳动，传扬墨家道义；扶危济困时，招之即来，勠力同心，勇往直前。他们做好事，功成不受赏，施恩不图报，即使牺牲个人性命也在所不惜。庄子赞叹说，"墨子真天下之好也，将求之不得也，虽枯槁不舍也，才士也夫"。意思是说，像墨子这样真心爱天下的人实在是难求，尽管劳累得面容憔悴也不放弃自己的主张，真是有才之士啊！即便是对墨子学说持反对意见的孟子，也不能不承认"墨子兼爱，摩顶放踵利天下，为之"。所谓"摩顶放踵"，就是从头顶到脚跟都擦伤了。这样的形象，同义勇军、敢死队无二，也是"任侠"精神和侠客风范的早期样本。它所彰显的正是不辞劳苦、践行道义、舍己为人、慷慨赴死的大无畏精神。

墨学是显学，却不坐而论道，墨家主张积极入世，但又不止于呐喊，而是以付诸社会的实际行动，有效地阻遏不义战争。墨子本人就曾多次率弟子助人守城，"止楚攻宋"就是其中最著名的范例。据《墨子》卷十三记述，当墨子得知鲁班已帮楚国造好云梯、准备攻宋的消息后，预先安排禽滑厘等三百名弟子，携带守城器械聚集宋都，与宋国军民严阵以待，而自己立即从鲁国出发，经过十昼夜的长途跋涉到达郢都。他取譬设喻，晓以利害，先后从道义上说服了鲁班和楚王，并通过现场攻守演示，力克鲁班九次进攻，最终让楚王放弃了攻打宋国的计划。

鲁迅曾以这一史料为素材，创作过一篇名为《非攻》的小说，形象反映了墨子主张加强防御、奋起自卫反击，从而粉碎不义战争图谋的思想。鲁迅先生笔下的墨子，是身体力行、仗义行侠、勇敢机智的实干家，是为劳苦大众拼争的中国"脊梁"。余秋雨在《黑色的光亮》一文中，对墨子的博大胸怀、侠义之举更是敬佩有加，并以高度赞赏的笔调予以具体描写和评述，认为墨家舍生取义，"不仅在当时的社会大众中，而且在今后的漫长历史上，都开启了一种感人至深的精神力量"。墨子用义无反顾的大勇、义理服人的大智演绎的这段传奇，不仅为史家、文人所乐道，更为现代影像艺术所青睐。中日韩曾合拍过一部电影，名字就叫《墨攻》。这部由香港导演张之亮历时十年、华谊兄弟影业公司投资1 600万美元拍摄完成的古装片，再现的就是墨子及其门徒们义勇反战的事迹。

梁启超先生说："侠之大者，为国为民；侠之小者，为友为邻。"春秋战国时期的华夏大地，群雄割据，战乱频仍，生灵涂炭，民不聊生。墨子能够不分国别，挺身而出，不避艰险，以自己头脑的智慧和肢体的辛劳，矢志不移地去制止不义战争，维护人间和平，极为难能可贵，非常令人敬仰，"是一个比孔子高明的圣人"，不愧为"世界第一平等博爱主义大家"。

苻坚饮恨亡前秦

在世界军事史上,苻坚的命运与拿破仑好有一比。拿破仑兵败滑铁卢,从此退位流放,百日王朝彻底垮台;苻坚兵败淝水,最后身死国破,一统江山化为泡影。尽管如此,这两位相距1 400多年的风云人物,在人类文明发展的进程中,都曾发出过耀眼辉光,为世人所景仰。

大约是因为传统教材的局限性所致,苻坚比起拿破仑、秦皇汉武、唐宗宋祖、成吉思汗等,名气要小一些,但柏杨先生却认为:"在中国数千年历史上,有资格称得上大帝的不过五人,他们是秦始皇、汉武帝、前秦王苻坚、唐太宗李世民和康熙。"范文澜先生说:"苻坚在皇帝群中是个优秀的皇帝。他最亲信的辅佐王猛,在将相群中也是第一流的将相。"

世人对苻坚的历史评价普遍较高,也都对他最终未能统一全国而惋惜,并多有指摘与批评。评价比较集中的一点,就是苻坚所组建、领导和管理的队伍出了问题。换句话说,苻坚之所以功败垂成,是因为大本营太松散,根据地不牢固,一旦风云有变就会树倒猢狲散,甚至倒戈相向,打下来的江山也就很容易分崩离析。队伍问题,关系到组织路线，说到底还是人才问题。淝水之战前，苻坚屡战屡胜，大业有成，是因为用对了人；淝水之战后，苻坚一败再败，遗恨千古，是因为看错了人。

　　苻坚年轻时就潜心研习经史典籍，素怀经世济民之志。除暴安良继大统之后，深知得人乃兴国之本，曾令各地官员保举孝悌、廉直、文学、政事方面的人才。属实的赐赏，不实的降罪。只要是人才，不问来路；若无才干，即便宗室中人，照样弃用。在此基础上，选拔重用了一批有真才实学的官员。那个扪虱论天下的山东寒士王猛，正是在苻坚的感召下，跻身前秦朝堂，辅佐苻坚平四夷、修内政，不过十几年的时间，就成功地统一了北方，与东晋形成南北对峙的局面。从历史记载和评价来看，苻坚前期的事业之所以顺风顺水，与王猛掌舵有很大关系。王猛的加盟，尽管也曾受到过族人的抵制和中伤，但苻坚心知王猛是个足智多谋的贤臣良相，将他与伊吾、子产相提并论，力排众议，信任有加，竭诚维护王猛的权威。

　　拿下半壁江山后，前秦兵力虽多，但成分比较复杂，特别是民族大团结的局面尚未形成，政权还很不稳固，而东晋鱼米丰实，上下和合，且据长江天堑之险，吞并东晋、统一全国的时机还不成熟。王猛病危时，曾就天下大势和前秦政局，劝告苻坚说，当下，对外宜与东晋睦邻亲善，对内则应逐渐清除隐患，休养生息，以安社稷，万万不可轻率伐晋。可惜苻坚未能谨记王猛的遗教，骄矜自大，急于求成，置众臣反复谏阻于不顾，于383年倾力发起意在灭晋的淝水之战。这一仗，也因苻坚一意孤行、未能拧成一股绳而成了"一个人的战争",加之指挥失误、失灵,结果壮志难酬,铩羽而归,国内也随之陷入动乱,最终落得个英雄末路的悲惨下场。

苻坚接管的前秦,本就是个四分五裂的烂摊子。关中多民族杂居,早先都是独立或半独立的部落王国。被前秦收伏后,明投暗不顺,面善心不和。南征之前,北方统治秩序远未稳定,氐族集团内部权利分配也未完成,被统治民族的对抗情绪亟待缓解。这种政治格局,与二战后形成的"独联体"颇为相似。因此,采取慎重的民族政策,积极协调各方利益,惩治乱臣贼子,力促天下归心,确保社会安定、政局稳定,就成为前秦统治者必须妥善解决的重大问题。历史上那些被推翻的政权,祸根往往不是外力,而在萧墙之内。

怀柔四方,礼贤下士,笼络各族豪杰,当然没有错,但若丧失原则,不辨贤佞,不分敌友,就会反受其乱。宽恕苻重、苻洛等内讧作乱之人也倒罢了,慕容垂、姚苌等绝非等闲之辈,放纵他们岂不是姑息养奸?王猛认为,"宁国以礼,治乱以法",曾一再提醒苻坚,对心怀不轨的异族头领要特别警惕,以防变生肘腋。苻坚却不以为然,不管对方是否真心归顺,一味地宽容施恩。鲜卑慕容、羌族姚苌等数十人,原本都是敌国政要,投奔前秦不过是权且寄身,暗地里窥测时机,以图东山再起。苻坚不听王猛劝告,不问、不察、不防,统统拜为大将。苻坚以为自己推诚及人,人必知恩感戴,不曾想他人复国之心胜过报恩之念,独立之图大于共事之谋。

当时以及后世史官和君臣，在对苻坚德化为先、怀柔至上的理念给予肯定的同时，也对他恩威失度、赏罚失衡、用人失察的内政方略提出了批评。司马光说，有功不赏，有罪不诛，就是尧舜也治理不好国家，何况他人！

在南征前召开的御前会议上，心系社稷的朝臣和族人纷纷劝阻苻坚出兵，慕容垂、姚苌等人却极力怂恿。这样的情景，只能用亲痛仇快来形容。倘王猛在世谏诤，苻坚也许会因服气而罢休。可当时的苻坚自视决策英明，投鞭断流，胜券在握，部下的忠告全都听不进去。接替王猛相位的苻融哭劝说："陛下宠育鲜卑、羌、羯，布满畿甸，此属皆我之深仇。太子独与弱卒数万留守京师，臣惧有不虞之变生于腹心肘腋，不可悔也。"事态的发展果如苻融所虑，乘机作乱、推翻前秦的正是那些异己分子。淝水之战既败，慕容垂率先发难，其族人皆拥兵呼应，一时间乱如潮涌。先前那些部族酋豪、亲信旧臣纷纷反叛自立，北方再度陷入分裂，苻坚最终死于他所信任的姚苌之手。

用人不察，何以知人，知之不深，何以任人，任之不当，怎么能叫善任呢？察人不敏，任人不善，不仅不足以谋事，而且还会坏事。用人不疑，苻坚做得有过之而无不及；疑人不用，却被苻坚宽仁买好之心盖过了。仇敌满朝，随时可能变生肘腋尚不自知，能不败乎？

杨朱愧称大人物

战国时期魏国人杨朱，是个了不起的思想家，他的观点独树一帜，对后世影响很大。据《庄子·山木》《韩非子·说林》以及张远山所著《庄子传》记述，杨朱30岁那年，曾携弟子路过宋国，到蒙邑拜见在此隐居的南郭子綦。他所住的旅店就在子綦隔壁，店主人叫曹夏。闲谈中，杨朱对子綦说，曹夏有一美一丑两妾，长得丑的那位受尊崇，长得美的那位受冷落。问及原因，曹夏回答说，长得美的自以为美而傲慢，我不觉得她美；长得丑的自知其丑而谦和，我不觉得她丑。于是我对弟子说，有贤德之行却无自以为贤之心，这样的人到哪里不受爱戴呢？

听了杨朱的讲述，子綦亦有同感，若有所思地说，老聃之徒自知无知，如同曹夏的丑妾自知其丑，所以不敢骄矜自得。而当今很多人尽管不喜骄矜自得者，自己却仍是骄矜自得者。

杨朱说，说来惭愧，当年我师从庚桑楚，学成以后归魏，践行老聃之道。小有名气后，又往畏垒山去见老师。一路上我洋洋自得，店家和客人都视我为大人物。进店前，主人出门来迎接；入住后，客人侧身避让，烤火者腾出灶台给我取暖。快到畏垒山时,老师下山接我,在桥上与我相遇,仰天叹息说,原以为你可教诲,今始知你不可教诲!我说,老师,我未置一词,怎么就惹您老人家不高兴了呢?弟子又错在哪里呢?庚桑楚说,你神态傲慢,目光骄矜,谁愿与你共处?师祖老聃有言,大白当如有污,盛德当如不足。你如此骄矜自得,岂是老聃之徒?老师的这番教诲,令我羞愧难当。返回魏国途中,我深刻反思自己,内省自得之心,外除骄矜之状,不再以大人物自居。店主待我以普通行者,不再迎送优待;客人与我平起平坐,甚至争抢座席。

子綦听后,大为感佩:知识渊博却总觉得自己有所不知的人,是很高明的;知之甚少却自以为无所不知的人,是最愚蠢的。圣人之所以不犯傻,就是因为他们视"不知知"为害;只有以"不知知"为戒,才不会犯傻。

杨朱走后,庄周之父庄全问子綦,世人无不喜欢被人视为大人物,老聃之徒为何不愿被人视为大人物?

子綦说,被人视为大人物,久而久之,习焉不察,必不自知,就会以为自己高人一等,自矜无所不知。缺乏自知之明,就会违背天道。老聃之徒,无不自知无知,反对将不知以为知。一旦将不知以为知,必定心无所容,坚执伪德,鼓吹伪道。只有自知无知,才能虚空其心,葆全真德,容受真道。

由此想到,李肇星在《说不尽的外交》中曾说,我到北大的第一个星期,到小卖部去买练习本和学习用纸,发现有个老人和我们一块儿排队。他就是全国乃至世界上都有名的美学家朱光潜先生。美学家就在我旁边,可我对什么是美学一无所知。北大给我的第一课是无声的,使我知道了自己是多么无知。我在北大学到的这一点,我到现在都不会忘,那就是永远觉得自己是没有知识的。

别人认为自己有才,自己却不以为自己有才,虚怀若谷,出自本心,这样的人才,才是真正的人才。

晏子为臣不卖身

齐国的国君问晏子,忠臣是怎样事奉其君王的?晏子的回答很简单:有难时不陪他死,逃亡时不跟他走。齐君不悦地说,君王把富庶的土地和尊贵的爵位封给他,危难时刻反而这样对待,能算是忠臣吗?晏子回答说,臣子的进言若被采用,臣子的策谋若能听从,国家不可能有难,君王也不至于流亡,用得着臣子去殉难和护送吗?反之,因为昏聩不明而导致国家危难、君王逃亡,随同殉难等于白白送死,随同逃亡则是违心之举。所谓忠臣,就是平常能够让君王向善为民、励精图治,而不是等到危亡时与君王共同赴难。

按照通常的道德评价标准,舍命陪君子,够哥们;舍命陪君王,是忠臣。崇祯十七年三月十九日凌晨,末路皇帝朱由检自缢的消息传来,随后相继殉难的就有大学士范景文、户部尚书倪元璐、兵部侍郎王家彦、刑部侍郎孟兆祥、大理寺卿凌义渠、太常寺卿吴麟征等十五人。在历史记载中,类似这种随同君王殉难的臣子还有很多,后人对他们的评价也很高,以他们为人臣之楷模、社稷之栋梁。其实,这是一种历史的假象与错觉,真正发挥利国利民作用的不是忠臣，而是良臣。那些所谓的忠臣，大多是大厦将倾时无奈殉身，而不是未雨绸缪时力补天阙；他们看重的是个人名节，而不是天下兴亡；效忠的是旧制度和独裁者，而不是社稷与苍生；既不是良臣，更不是功臣。

作为齐国名相，晏子与他的前辈管子一样，不赞成也不屑去做这样的忠臣。在管晏看来，真正的忠臣是社稷之臣，应当效命于国家，而不属于某一位君王。就是说，社稷的利益高于君王，臣子可以与社稷共存亡，而不必与君王共危难。齐景公曾支使晏子替他取热食和皮衣御寒，被晏子以"我不是为你掌管衣食供奉的职官"为由断然拒绝。景公问他，那你是干什么的？晏子说他是社稷之臣。景公又问，什么是社稷之臣呢？晏子说，就是立于朝堂之上掌管大政方针之臣。从此以后，景公在晏子面前，总是规规矩矩地按照君臣礼节行事。这也说明，那时的臣子，对职责以外的事有权不做。后来的情形就不同了，有些君王不论公事还是家事、私事都安排臣子去做，臣子不仅不会拒绝，反而受宠若惊，引以为荣，甘效犬马之劳。汉文帝痔疮发作，疼痛不已，官至上大夫的邓通为了谢主隆恩，竟然趴到文帝的屁股上，接连几次为他吮吸脓血。

管子、晏子等一批先秦政治家、思想家，所以能够提出并坚持社稷之臣的理念，除了自身的学养修为外，与当时的君臣体制也有很大关系。同后来那种君尊臣卑、高下分明的伦理不同，先秦儒家主张"君使臣以礼，臣事君以忠"，而且，"臣事君以忠"要以"君使臣以礼"为前提。"忠"的含义也不是无条件的顺从，恰恰相反，"逆命而利君谓之忠",臣对君不可以欺瞒,但可以冒犯。孔子甚至认为,君王愚顽不听劝,臣子可另投明君。孟子则说,"君之视臣如土芥,则臣视君如寇雠"。可见,早期中国的君臣关系比较宽松,远没有后来那么紧张,那么严酷,与我们形成的印象也有一定的出入。

  在先秦政治家、思想家那里,臣子之于君王,不仅关系对等而且积极能动。加上臣子的学识、智谋和能力大多高于君王,君王对臣子的依赖性比较强,君能选臣,臣也可以择君;君能炒臣的鱿鱼,臣也可以炒君的鱿鱼;臣只对社稷安危尽忠,而不必为君王的愚蠢负责;臣奉献于君的只是智谋和体力,并不包括人格和自由。这在晏子身上体现得尤为突出,在他的话语系统中,没有也不可能出现"愿效犬马之劳"甚至"肝脑涂地""万死不辞"之类的自伤人格的词汇。他为了社稷可以弊衣箪食、鞠躬尽瘁,却不会毫无尊严地把自己"贷与帝王家",这种"为臣不卖身"的独立人格和操守,是非常难能可贵的。

稼轩本是将相种

在我以往的印象中,辛弃疾就是一介儒雅书生,一个著名词人。其文笔恢宏大气,刚烈遒劲,与苏东坡并膺为豪放派的主要代表。尽管他也做过官,也曾描述过"醉里挑灯看剑,梦回吹角连营"这样壮烈的边塞场景,但却很难把他与政治家、军事家联系在一起,也很难想象他会是一个骁勇善战的武将、经邦济世的干才。当我阅读了他的传记,特别是他的《美芹十论》《九议》等著述后,不得不佩服他既有文韬,又有武略,确实算得上一个军事谋略家。

1140年,辛弃疾出生于山东历城(今济南),其时中原沦陷已久。父亲多病早逝,辛弃疾为祖父辛赞所抚养。频仍的战乱,给他童年的生活留下了深刻的印记,并激起了他日后从军习武、驰骋疆场、杀敌报国的雄心壮志。1161年,金主完颜亮大举南侵,后方民众"屯聚蜂起",自发起义,辛弃疾也拉起队伍加入到耿京的义军中来,并在其麾下当书记。完颜亮南侵失败后,辛弃疾揣着耿京的书信,代表义军前往建康晋见宋高宗,奏请朝廷颁发诏书,起用义军,南北联手,共同抗击金军。奉命返回北方时,惊悉叛徒杀害耿京并降金,遂率五十骑奇袭五万金军大营,生擒叛首张安国，并号召上万士兵反正，连夜渡江南归，献俘于行在，斩安国于市，受到朝廷的嘉赏。如此勇武的事迹，一时轰动京都，人皆为之传颂。洪迈称他"壮声英概，儒士为之兴起，圣天子一见三叹息"。那年，辛弃疾才二十三岁。

辛弃疾南归之初，张浚北伐兵败，南宋朝中对金和议声浪又起。辛弃疾虽然职微言轻，但他胸怀大义，心系天下，对恢复中原大业充满信心，不断上书朝廷进献谋略。1165年，辛弃疾写成《美芹十论》。前三篇《审势》《察情》《观衅》，畅言逆顺之理、消长之势、技之长短、地之要害，认为北方人民对金兵充满怨恨，女真统治集团内部矛盾尖锐，有衅隙可乘，实不足畏。后七篇《自治》《守淮》《屯田》《致勇》《防微》《久任》《详战》，提出了一系列富国强兵、习武备战的具体规划和策略。1170年，辛弃疾又写出了《九议》上奏宰相虞允文，除进一步阐发《美芹十论》中的重要论点外，还根据刘项率吴楚子弟北上灭秦的史实，严厉驳斥了士大夫间存在的"吴楚之脆弱不足以争衡中原"的谬论。朱熹由衷地赞叹辛弃疾颇谙晓兵事，并在著作中多处引用了他的论述。

尤为值得一提的是，辛弃疾根据宋弱金强的客观现实，以战略家的眼光，在《九议》中提出了"无欲速""审先后""能任败"这三项克敌制胜的基本原则。他一方面认为"一胜一负，兵家之常"，不能因一次失利而丧失信心，用以驳斥那些借口符离之败"欲终世而讳兵"的妥协派；一方面又认为"欲速则不达"，昔日越王复国，二十余年而后动,恢复中原也必须作长期准备,"旷日持久而后决",反对那些"欲明日而亟斗"的速战派。他说,如今我们土地不如金之广,士马不如金之强,钱谷不如金之富,赏罚号令不如金之严,诸多方面彼长我短,北伐之计应建立在持久的基础上"徐起而图之"。然而,天下有难,举国同慨,中原百姓,四处响应,民心所向有利于我。若能扬长避短,最终必能以弱胜强。同时,他还提出了诸如"外倾其敌,内厚其民",宽民力以解旷日持久之费;"既谋而后战,战之际又有谋";"出其不意,攻其无备";"小胜不骄,小负不沮";对金"上则攻其腹心之大臣,下则间其州府之兵卒,使之内变外乱";在山东等地开辟敌后战场,以沦陷区的民众为内应等策略。

辛弃疾的这些审时度势的战略思想,与抗日战争期间毛泽东曾经提出的持久战非常相似。抗战全面爆发后,毛泽东分析了中日两国的社会形态、双方战争的性质、战争要素的强弱状况、国际社会的支持与否等因素,挥笔写就《论持久战》。在这篇著作中,毛泽东初步总结了抗战的基本经验,科学地预见到抗日战争必将经过战略防御、战略相持、战略反攻三个阶段,指出夺取全国的胜利是一个持久过程,最后的胜利属于中国人民,批驳了当时盛行的"亡国论""速胜论"等错误观点。后来的事实证明,这一预见以及建立在这一预见基础上的持久战方针是完全正确的。

如是我想,辛弃疾在《十论》《九议》中作出的形势分析,阐述的战略思想,提出的先后规划,以及他在地方任上所采取的治理方略，即使拿到今天来看，仍然不失为救亡图存之良策。南宋统治者倘能听取辛弃疾的建议，假以时日，恢复中原大业并非不能实现。可惜的是，即便辛弃疾"把吴钩看了，栏干拍遍"，却也"无人会、登临意"。辛弃疾的军事才干也曾受到高宗、孝宗的赏识，但他的持久战主张，却未能得到朝廷的重视和采纳。到头来，还一再招致反战派的非议、排挤和弹劾。几经宦海沉浮，辛弃疾杀敌报国之心却从未懈怠。但由于朝廷政局每况愈下，"烈士暮年，壮心不已"的辛弃疾只好归休庄园，饮酒赋诗，相伴桑麻，寄意稼轩，"想当年金戈铁马，气吞万里如虎"，现如今万丈豪情都付与山林旷野。"追往事，叹今吾，春风不染白髭须。却将万字平戎策，换得东家种树书。"字里行间发出的是大木飘零之感喟，椎心泣血之浩叹。让人惊奇的是，33岁那年，辛弃疾曾预言"仇虏六十年必亡，虏亡则中国之忧方大"。62年后，金果然为蒙古所灭，金亡45年后南宋也寿终正寝。

重耳身边那些人

公元前637年，逃亡在外的晋公子重耳来到曹国，曹共公听说重耳的肋骨连在一起，好奇心大发，于是就想趁重耳洗澡时亲眼看上一看。这种窥私行为，不要说在恪守礼教的年代有失体统，即便放在今天也是大忌。大夫僖负羁予以劝谏，曹共公哪里肯听？这让重耳十分憎恶，但处落魄之中，只好隐忍不发。僖负羁的妻子依据自己对重耳随从人员的观察，认为这些人都是立国安邦之才，有他们辅佐，重耳必定能回国为君，为君后必定能称霸诸侯，称霸后必定会讨伐非礼之辈，曹国首当其冲。后来发生的事，果然不出她之所料，重耳腰杆强壮之后，狠狠地修理了曹共公一把。

《左传》中记载的这件事，令后来许多史官和学者赞叹不已，无不赞同这个奇女子慧眼识珠。司马相如说："盖世必有非常之人，然后有非常之事；有非常之事，然后有非常之功。非常者，固常人之所异也。"从僖负羁之妻的观察判断中不难看出，重耳身边那些人亦非寻常之辈。

春秋时期，晋献公废嫡立庶导致的骊姬之乱持续发酵，害得太子申生自尽，逼得公子重耳和夷吾远避他乡。重耳流亡在外十九年，辗转八个诸侯国，直到六十二岁那年才回国登上君位，不到九年时间，就使晋国强盛起来。城濮一战大振国威，终成春秋五霸中第二位霸主，与齐桓公并称"齐桓晋文"。晋文公所以能有此作为，除了他饱读诗书、谦虚好学、宅心仁厚加之流亡的历练外，也同他身边那些得力助手有很大关系。不论是在他落魄之时，还是在他继位之后，这些贤德之士都发挥了举足轻重的作用。

综合《左传》《国语》和《史记》所述，看好并追随重耳的有名之人中，赵衰、狐偃、贾佗、先轸、魏犨，被司马迁称作"五贤士"，是团队中的骨干成员，涵养和见识非凡，是忠臣也是诤臣。叔向称赵衰、狐偃为"腹心"，魏犨、贾佗为"股肱"。他们一不怕苦，二不怕死，即使亲人受到株连也在所不辞，死心塌地跟定重耳，休戚与共经始大业。或是出谋划策，或是激励劝谏，帮助重耳逾越险阻，摆脱困境，走出低谷，重振雄风。

狐偃是重耳的舅父，老成持重，富有远见。重耳等出逃之初，前路莫测，是去齐国还是到楚国呢？狐偃分析说，齐楚虽强，但路途遥远，目前喘息未定，还是到狄国为好。近在眼前，又没有外交麻烦；既可获得休整，又可静观时局以应其变。狄国是重耳生母的故土，到那里后，受欢迎不说，还等来了一次回国继位的机会。晋献公去世后，权臣里克粉碎了骊姬的美梦，派人来迎立重耳。但因重耳等人怀疑有诈，未敢妄动。里克等转而迎立夷吾回国即位，是为晋惠公。夷吾是在秦国的有偿援助下才继位的，可他如愿之后忘恩负义，让秦穆公狠狠地教训了一通。惊魂甫定，晋惠公仍寝食难安，担心重耳取而代之，于是便派勃鞮行刺重耳。获悉密报后，已娶妻生子的重耳还有些留恋。狐偃等人以"大业未成，安能晏居"为由相劝，在狄居留十二年的重耳，这才离开狄国，重又踏上逃亡之旅。

途经卫国，卫文公没按礼遇接待他。走到一个叫五鹿的地方，饿得实在不行，只好向田头吃饭的农夫乞讨。有个庄稼汉恶作剧，拿起一块泥巴递上来。重耳一气之下就要挥鞭打人。狐偃赶忙拦住说，这是上天所赐啊。于是，接过来放到车上，叩头拜谢而去。到了齐国，齐桓公为重耳娶妻姜氏，还送他八十匹马。重耳乐不思蜀，不想走了。狐偃等劝他不听，就同姜氏合计，把重耳灌醉后上路。回国后，狐偃等人在辅助文公扫除内乱、发兵勤王、决战城濮等重任中屡立大功，为晋国入主中原作出了卓越贡献。

赵衰乃"赵氏孤儿"赵武的先祖，知书达理有谋略，为人低调知进退，年轻时就与重耳交好。自重耳踏上逃亡之路那天起，一直伴随左右，宁肯自己饿肚子，也要让重耳有饭吃。除掌管伙食、参与决策外，赵衰颇具"文胆"，关键时刻机敏应对，为重耳赢得了归国执政之良机。

重耳来到秦国后，秦穆公将五个公族女子嫁给他，隔天又要宴请他。狐偃说，我不如赵衰有文采，让他陪你去吧。先秦时期，诸侯会盟宴饮场合，宾主双方往往会用赋诗的方式，含蓄地传达自己的态度和愿望。重耳朗诵了小雅中的《沔水》，借喻河水流向大海，表达自己的归国之志。穆公朗诵了小雅中的《六月》，赞美了中兴之臣辅佐周天子的事迹。赵衰一听，穆公岂不是勉励公子担负起辅佐周室的使命吗？于是，立马借题发挥。在赵衰的提示下，重耳赶忙叩谢穆公。

没过多久，秦穆公派兵护送重耳回国夺取了政权，晋文公时代的序幕就此拉开。此后的日子里，赵衰有功不居，让贤举能，多次将文公委任的高职推让给郤縠、栾枝、先轸等人，自己甘做副手。晋文公感动地说"夫赵衰三让不失义。让，推贤也。义，广德也。德广贤至，又何患矣。"为彰赵衰之德，文公增设上新军，委赵衰为将。时人称其为"冬天的太阳"，后世视其为贤士的楷模。"功成不必在我"这句话，赵衰践履得相当到位。

在十九年的流亡生涯中，性命之虞，饥馁之苦，危难接踵而来；冷遇之耻，非礼之辱，考验无所不在。正是因为有了这些贤德之士不离不弃的支持，不折不挠的驱策，重耳才经得起、吞得下、挺得住，从贪图安逸、骄矜任性的一介公子，成长为忍辱负重、励精图治的一代雄主。当代明君贤臣以及后世有识之士，都对他们推崇有加，赞誉颇多。《国语·晋语》有云："晋公子好善不厌，父事狐偃，师事赵衰，而长事贾佗。此三人者，实左右之。公子居则下之，动则咨焉。"

重耳同他身边那些人的经历告诉我们，领导身边聚集的是些什么人，喜欢重用什么人，也许不能说明太多问题，但至少可以说明，领导的品位逐高还是逐低，成事的概率趋大还是趋小。

曹彬有权不徇私

北宋开国名将曹彬,当初在周世宗柴荣手下做供奉官时,掌管茶、酒等公共物资。尚未发迹的赵匡胤与曹彬交好。赵匡胤有一次想喝酒,就直接找到曹彬,想弄点酒喝。但是,曹彬说什么也不给。最后,曹彬自己花钱,买了瓶好酒,送给赵匡胤。后来,赵匡胤当了大宋朝的开国皇帝,给大臣讲他与曹彬的这个故事,说曹彬这个人的人品非常好——"世宗吏不欺其主者,独曹彬耳!"遂将曹彬引为亲信,非常重用。

通过这件芥豆小事,可以看出曹彬禀赋淳厚至诚,一身正气至端,平生所为至公,做官守官德,做人有私德。而这正是宋太祖器重曹彬的原因。后来的事实,也证明了曹彬的确是一名忠臣和廉官。964年冬,宋太祖赵匡胤任命刘光毅为归州行营前军副部署,曹彬为都监,讨伐蜀国。峡中郡县都被攻下,诸将都想屠城来逞其杀威,只有曹彬下令收敛部下,纪律严明,不侵扰百姓。宋太祖得知,下诏褒奖曹彬。平定两川后,王全斌等将领昼夜宴饮,不体恤军士,部下渔夺百姓不停,蜀人深感痛苦。不久全师雄等人作乱,聚集军队十万人,曹彬又与刘光毅将叛军平定。

回朝后,宋太祖知道这些情况后,把王全斌等人交给刑部治罪,认为曹彬清介廉谨,升任为宣徽南院使、义成军节度使。曹彬谢绝说:"征西将士都被治罪,我单独受到赏赐,恐怕不能以示劝勉。"宋太祖听了非常感慨,愈发信任曹彬,就将平南的帅印交给曹彬。曹彬果然不辱使命,兵不血刃地平定了江南。

无独有偶。三国时期,东吴重臣吕范为孙策掌管财政。年少的孙权私下里向他要钱花,他立马就会向其兄长孙策报告,这让孙权挨了训斥还得不到钱花,内心不免有些怨恨。后来,孙权被哥哥派到阳羡县历练才干,花起钱来就自由多了。为防孙策来查账,功曹周谷就做假账,巧妙地帮他掩饰。待到孙权接掌东吴大权后,吕范因忠于职守讲原则受到重用,那个善于弄虚作假的周谷就被晾在了一边。

吕范与周谷的故事再次说明,在职场,本事若无德行做根基,就有可能会贬值,被弃用,唯有纯正无私的人品历久弥显,不仅不会贬值,而且还会升值。其实,很多时候,从一开始,人品就已经决定了结果。

曹参为相不折腾

据史书记载，萧何病重之际，汉惠帝刘盈亲往探慰，顺便问他，您百年之后，谁可接替您呢？萧何答，知臣莫如主。惠帝又问，曹参怎么样？萧何答，皇上得到贤才了，我死而无憾！这段君臣对话，看似平淡无奇，其实饶有深意。

首先，萧何既然认定曹参是贤才，且与惠帝意见一致，为何不直接说破，还要先打一番太极呢？萧何为人一向谨慎，尽管命在旦夕，头脑还是清醒的。早在刘邦驾崩前，吕后曾问他，萧相国之后令谁代之，刘邦说，曹参可。刘盈所以有此一问，是对先帝老臣的尊重。萧何之所以让刘盈先说出来，为的是树立新主子的权威。曹参得知后，就会更加感戴皇上知遇之恩，忠心耿耿效命刘盈。总而言之，萧何的这番太极对巩固皇权大有好处。

其次，曹参与萧何为官之初就是搭档，且共事多年，又同为首义元勋，但在评功封侯后曹参心生嫌隙，疏远萧何在先，萧何为何还要首肯曹参呢？如果用一句话来回答，就是为社稷，为大局，开太平，不折腾。这既是萧何的深谋远虑，也是被后来历史证明了的一段佳话。

曹参屡建殊勋，声震朝野。封侯后评定位次时，群臣都说他"身被七十创，攻城略地，功最多，宜第一"。刘邦为难，不好反驳，心里却想让萧何居首。关内侯上奏说，曹参之功，成于一时，萧何之功，泽及万世，萧何第一，曹参次之。就是说，曹参之功具有实绩性，萧何之功富有建设性。刘邦深以为然，于是就这样排定了。刘邦看重萧何，自有一番道理。此前封侯晋爵时，曾经血拼疆场的将领们，对舞文弄墨的萧何封为酂侯不服气，朝廷气氛一度很紧张。刘邦考虑，天下初定，百废待兴，不能为评功封侯伤了众将官的心，一时拿不定主意。他是草莽出身，想不出什么好词儿说服大家，于是只好以打猎为例，说猎狗所以能追捕到野兔，是因为有猎人在后指使。萧何与众卿好比是猎人与猎犬，谁的功劳最大，不是很清楚吗？群臣也就不敢再言语了。曹参不能与萧何平列，虽然心中郁闷，但碍于共事多年的情分，也不好与萧何计较。但刘邦将诸将比作猎犬，让曹参很不舒服。自此羞与萧何来往，外放齐相后，几乎断了关系。其实，曹参对萧何治国理政的方略还是认可的。举凡萧何所定规章，曹参无不全力推行，齐国七十余城也因此井然有序，面貌优于其他郡县。在此后两次平叛战役中，曹参率军配合刘邦合力围剿，又立大功。刘邦甚慰，更加倚重曹参。当他听说曹参与萧何有隙的传闻，并担忧萧何在京有变时，曾旁敲侧击地探询曹参对萧何的看法，曹参总是力陈萧何忠耿勤政，勿劳圣虑。

曹参虽以战功著称，但并非莽汉武夫。当他闻知萧何病故的消息时，就立马让人整理行装，候命回京赴任。因为他料定萧何定会荐他为相,除此无二。曹参颇谙黄老之学,于治国方面自有主张。西汉虽已传至二世,但天下依然需要和谐安定,百姓依然需要休养生息。动辄改弦易张,凡事另搞一套,必然带来社会动荡,影响民众安生。《史记·曹相国世家》云:"参代何为汉相国,举事无所变更,一遵萧何约束。"他继任相位后,一应治国理政要务,均按萧何制定的法令规章执行。按照西汉学者扬雄的说法,这叫"萧规曹随"。

曹参为相期间,一心守业,乐得清闲,上朝时少有奏报,退朝后饮酒聊天。刚即位的汉惠帝看不下去了,以为曹参轻视自己,但又不便质询,就让中大夫曹窋休假时,顺便向他父亲探探口风,但不要说是朕的意思。曹窋回家后,把皇上的意思变成自己的说辞,规劝了父亲一番。不料曹参听后大发雷霆,将其暴打一顿说,快点儿回宫侍候皇上去!天下事不是你小子应当管的。翌日退朝,惠帝责备曹参说,你为何要乱打曹窋?他说的其实是朕的意思。曹参闻言,赶紧脱帽谢罪,并问皇上,请陛下仔细想想,您同先帝比,谁更圣明英武?惠帝说,我怎敢同先帝比呢?曹参又问,我同萧何比,谁更贤能?惠帝说,您好像不如萧何。曹参接过话茬说,陛下所言极是。先帝与萧何治国平天下,法规制度已经完备,且行之有效,我等谨守各自职责,继续执行下去不就行了吗?惠帝说,好。你歇着吧!

曹参力主清静无为,不折腾,不扰民,其实并非庸碌无为,而是不妄为,不乱为。比如说,在选人上,他坚持贤德忠厚为先,巧言令色、功名利禄之徒一概被拒;在用人上，他坚持虚怀自持，对下属不苛察细过；在执法上，他坚持量刑从宽，不滥施惩戒；在行政上，他坚持省事节用为本，不浪费国资民力等。正是因了"萧规曹随"，西汉得以共享太平，发展生产，惠及民生。天下人都称颂曹参的美德，民间歌谣说：萧何定法令，明确划一；曹参接相位，守而不失。

蒯通不遇名不虚

西汉开国功臣、汉初三杰之一的韩信,临刑前曾慨叹说:"吾悔不用蒯通之计,乃为儿女子所诈,岂非天哉!"那么,这个蒯通究竟有何神通,能预知大将军韩信的祸福穷通?

年轻时读史,思维是直线的,只留心大名鼎鼎的韩信,没在意幕后人物蒯通。后来,书看得多了,发觉蒯通这个人还是有些名堂的,仅由他的话演变而来的成语就有一箩筐,如,固若金汤、鼎足而立、功高震主、为民请命、群雄逐鹿、云合雾集、乘利席胜、捷足先得、束蕴乞火等等。若把这些典故串接起来,足以概括他的一生。

蒯通有着远大的政治抱负,可惜因韩信犹豫不决而未能实现。于是有人说,蒯通不过是徒有虚名的废柴而已。那么,蒯通真是块废柴吗?

秦朝末年,天下大乱,就像春秋战国时期的诸侯纷争一样,反秦起义硝烟四起,英雄豪杰各据一方。在这样的大背景下,若要施展自己的抱负,成就一番事业,要么以武进身,靠征战沙场建立功勋,要么以文出头,做谋臣策士博取功名。蒯通乃一介书生,又生逢乱世,就只能靠文笔和口舌闯荡天下了。蒯通的早期身世已不可考，但从《汉书·蒯通传》和《史记》等书的一些附带记载中，仍可看出他是一个不可多得的贤能之士。

蒯通本是燕赵范阳人氏，因见慕于齐地多贤俊，且有稷下学宫这样的学术殿堂，遂客居于齐，以至刘邦把他看作是齐人。他与琅琊高士安期生交好，并都曾去过项羽那里，陈述自己的宏图大略，但未被采纳。项羽要封官留人，他们却坚辞不受。蒯通于是便隐退于野，著书立说，窥测时机，以求明主。班固在《汉书》中评价蒯通说："论战国时说士权变，亦自序其说，凡八十一首，号曰《隽永》。言其所论甘美而义深长也。""隽永"一词遂成典故，用来形容意味深长的言论或诗文。

蒯通的第一次亮相颇为精彩。秦二世元年八月，陈胜部将武臣领命北上攻伐赵地。身为燕赵子民的蒯通，为避免家乡父老生灵涂炭，就立即走进县衙，破解时局，痛陈利害，劝说县令徐公归顺武臣。接下来，他又赶往武臣大营，说服武臣接受范阳县令之降。这样一来，"不攻而降城，不战而略地，传檄而千里定"，兵不血刃就顺利地拿下了三十余座城池。蒯通这一番奔走斡旋，既保全了反秦义军的有生力量，又避免了一场战争浩劫，足以称得上为民请命的善举了。

五年后，蒯通以谋士的身份出现在韩信帐下。在蒯通眼里，韩信治军有方，善于用兵，又是个能屈能伸的大丈夫，将来必能成大事，是个难得的潜力股，投在他门下，还愁没有发展机遇吗？这年十月，韩信奉命攻齐，大军还未到达平原渡口,就有消息报告说,汉王派出的郦食其已说服田齐归汉。正待韩信欲收兵之际,蒯通却以没有接到汉王止伐诏令为由,鼓动韩信继续攻齐。于是,韩信便乘齐疏于防范之机,一直打到临淄。齐王田广认为郦食其出卖了自己,把他给烹了。齐王好容易求得楚军援手抗汉,不料楚将龙且却因轻敌恋战而中计,全军覆没,齐王被杀。司马迁赞曰:"甚矣,蒯通之谋!"班固评曰:"蒯通一说而丧三俊"。其实,蒯通所以有此一说,旨在扩大韩信的实力和影响,为后来拥齐自立做准备。或者说,这与他拟将说服韩信鼎足而居、三分天下的长远谋略相一致。撇开这件事的功过是非不说,蒯通的能量可见一斑,废柴之说也就站不住脚了。

齐地向来是雄霸争锋的后方要塞。韩信占据齐地后,项羽腹背受敌,深以为忧,就派策士武涉前往策反,让韩信弃汉归楚。韩信觉得汉王于己不薄,予以谢绝。蒯通与武涉所见略同,都认为韩信的分量举足轻重,挺汉则刘邦做大,归楚则项羽转胜,于是,就乘机又来说服韩信。他先是以相人之术诱导韩信说,从将军您的正面看,不过封侯而已,且有凶险;从将军您的背面看,就贵不可言了。韩信对蒯通的相术很感兴趣,就让他详细说来听听。接下来,蒯通放眼天下大势,纵论存废格局,建议韩信既不要归附项羽灭掉刘邦,也不要听命刘邦灭掉项羽,而是拥齐自立,鼎足而居,三分天下。这样一来,谁都不敢轻举妄动。并引用历史教训进一步劝告韩信,楚汉胜负未定,正是度势良机。我听说,天赐与您,您却不要,反而会受到惩罚；时机到了，您却不动，反而会遭逢祸殃。你在汉王手下，功高盖世，已有震主之威，我真为您感到不安。何去何从，还请将军三思。话都说到这个份上，韩信仍是心存犹疑，总感到不忍背弃汉王，终究还是谢绝了。

蒯通见反复劝说韩信无效，自感大势不妙，于是便装疯卖傻，避祸乡野。韩信后来的结局，果然被蒯通料中。临死前叹息说，我悔不用蒯通之计，以致落到今天这个下场。刘邦听说后，遂在全国通缉蒯通。缉拿归案后，刘邦打算把蒯通给烹了。刑前斥问他说，你为何教唆韩信反叛？蒯通毕竟是辩士出身，慷慨激昂地说出一番道理后，刘邦觉得蒯通很有胆识，加之天下初定，尤须怀柔宽仁、尊才尚贤，就把他给放了。蒯通若真是块废柴，焉能逃过这一劫，并在后来被齐相曹参拜为座上宾？

历史不能假设，但却可以推论。倘若当初韩信采纳了蒯通的建议，韩齐与项楚、刘汉必能三分天下；倘若韩信拥齐自立后拜蒯通为相，最终统一全国的很难说就是刘邦。因此，我们对历史人物的论说，对人才的评价，既不能脱离功利，也不能唯功利是瞻。不以成败论英雄的史论，适用于战将，同样也适用于文臣。

蒯通原名蒯彻，为避汉武帝刘彻之讳而改名。细分析，通与彻意思相近，大彻大悟谓之通。蒯通这个人对世事的洞察很有眼光和见地，通透明澈。他尽管未能大显身手，但其才华的光焰，仍让后人为之眼前一亮。

毛遂也曾被埋没

公元前257年，秦昭王派兵围攻赵国都城邯郸。孝成王赵丹派平原君赵胜去楚国求援。赵胜拟挑选二十位胜任的门客同行，可选来选去只有十九人，余者皆不可取。这时，毛遂自告奋勇前往。赵胜问他，您来我门下几年啦？毛遂说，三年。赵胜说，贤能之士在世，就像锥子置于囊中，其锋芒早该显露出来为人所见。您在我门下都三年了，左右却无人称道您，我也闻所未闻，可见您没什么本事，还是留下吧。毛遂说，那现在就请您把我放入囊中。若我早就处于囊中，定会脱颖而出，岂止是显露锋芒而已。赵胜就允许他一同使楚。其余十九人使眼色嘲笑毛遂，只是没发出声来。这一番出使楚国，毛遂大显身手。那十九个人从早上谈到中午也没能谈成的合约，毛遂一上来就搞定了。敦促楚王答应合纵救赵，并当场歃血结盟。

司马迁在《史记》中记载的这段关于毛遂的事迹，可以说是无人不知。可当提起这个典故时，人们大多津津乐道于毛遂的自荐之勇，很少有人注意到，毛遂其实是个险些被埋没的能人。在这次使楚前，假如他不自荐，或者即使他自荐了，赵胜信不过他，毛遂这把锥子，恐怕只能藏在囊中无人识了。为说明这一点,我们不妨再看看司马迁接下来是怎么说的。

平原君与楚国签订合纵盟约回国后,感慨地说,我察识的人才多则上千,少说几百,自以为不会遗漏天下贤能之士,于今竟把毛先生给忽略了。毛先生一次使楚,就让赵国的地位陡升,比九鼎大吕还要尊贵。毛先生的口才与胆识,胜过百万雄师。我再也不敢说会察识人才了。于是,就拜毛遂为上宾。

唐末诗人周昙,著有《咏史诗》八卷,《全唐诗》将其编为两卷195首。其中一首云:"不识囊中颖脱锥,功成方信有英奇。平原门下三千客,得力何曾是素知。"说的就是毛遂虽有奇才,但鲜为人知,直到使楚成功,才显山露水。由此可见,平原君府上的门客固然很多,可得力的干将并非平常就能察知的。这不仅要有礼贤下士的胸襟,而且要有善察人的眼力和敢用人的魄力,在非常之时发现非常之人,给非常之人以非常之机。

无独有偶。李世民当政时,朝廷人才济济,草野卧虎藏龙。贞观五年,太宗诏令百官上书言事,评议朝政得失。中郎将常何乃一介武夫,不通文墨。太宗阅览奏章时,发现常何所议二十余事,文笔流畅,透彻合宜,颇有见地,非常诧异。常何禀报太宗说,这不是我所能想出来的,而是家臣马周所拟。太宗即日诏令马周进见,其间四度遣使催促。待马周来后,与之交谈甚欢,以为人才难得,授为监察御史。从此,马周的抱负有了广阔的施展空间,才干得到了酣畅发挥,成为唐朝知名诤臣。他多次对朝政提出批评建议，深受太宗赏识，累迁至中书令，并兼太子老师。

想当年马周初到长安，独身漂流，衣食无着，后经人指点，寄宿常何门下。若非太宗识货，留心沧海遗珠，马周焉能有此造就？"吾闻马周昔作新丰客，天荒地老无人识，空将笺上两行书，直犯龙颜请恩泽。"李贺的这几句诗，说的就是马周的遭逢际遇。有道是："前事渺茫殊可疑，石中韫玉有谁知。一朝良匠分剖后，始觉其中碧玉奇。"虽是卜辞签语，说的倒有几分道理。

淳于髡日荐七贤

慧眼识珠者为人景仰,知人善任者能成大事,而那些善于举荐人才的伯乐们,更加功德无量。

据《战国策》记载,淳于髡一天之内向齐宣王引荐了七个人。

齐宣王说,您过来。我听说,千里之内能有一位贤士,就已经是比肩而立了;百年之中能出一位圣人,那就像接踵而至了。而今您一天就引荐了七位贤士,那贤士不也太多了吗?

这样的怪事,换作我们也生会疑:举贤能又不是拉壮丁,怎么可能成批地引荐呢?

淳于髡说,不是这么回事。那鸟类,翅膀相同的住在一起;那兽类,脚爪相同的走在一起。而今若到沼泽地里采柴葫、桔梗,接连几代人也采不到一两,而到睪黍山、梁父山的北坡去采集,就可以敞开车来装。世上万物各有其类,而我淳于髡则属于贤士一类的人。君王向我寻求贤士,就好比河里取水、燧中取火一样。我将再向君王引荐一些贤士,又岂止是七个人呢?

淳于髡是稷下学宫的常客,也是齐国资格最老的稷下先生,被后人称为稷下学术领袖。而稷下学宫则是战国时期闻名遐迩的高等学府、百家争鸣的学术园地,兴盛时期曾汇集了天下各个学派的贤士上千人。淳于髡对齐宣王的这番说辞,应该不是空穴来风。淳于髡推举的贤士,究竟是些什么人,录用后的成就如何?书上没有说,我们不得而知,也不便妄加评估。但有一点是明确的,选编《战国策》的人,用意不在于此,而是晓谕人们:"荐贤贤于贤。"就是说,举荐贤士的人,自己首先必须是贤士,而且是更胜一筹的贤士。意欲求取贤能,必须去问那些更加贤能的人,有道是:欲知山中事,须问打柴人。

"荐贤贤于贤"这一论点,最早是孔子提出来的。据《孔子家语》记载,子贡问孔子,当今的大臣,谁称得上贤人呢?孔子回答,我不清楚。过去,齐国有鲍叔,郑国有子皮,都是贤人。子贡说,难道齐国没有管仲,郑国没有子产吗?孔子说,你呀,只知其一,不知其二。你听说,努力成为贤能者是贤人,还是举荐贤能者是贤人?子贡回答说,举荐贤能者是贤人。孔子说,这就对了。我听说鲍叔使管仲显达,子皮使子产显达,却没有听说这两人让比自己更贤能的人显达。

这件事,在《韩诗外传》和《说苑》中也有记载。《说苑》的记载与《孔子家语》略同,《韩诗外传》多了一句孔子的总结性话语:"知贤、知也,推贤、仁也,引贤、义也。有此三者,又何加焉!"在这里,孔子把荐贤上升到仁义层面。由此可见,荐贤这件事,是功德无量的体现,必须具备一定的资质,不是什么人都能做得到的。那些向王者荐贤的人，大多是心系社稷、顾念苍生的义士、高士。但从秦代以前推荐人才的程式上看，似乎比较简单，没有太多讲究，及至汉代，察举贤能开始纳入规范化管理，并逐渐形成一整套完善的制度，这就是开科取士以前，历时一千三百年的察举制。

羊祜荐贤人不知

不论在古代还是今天，荐贤都是一件值得提倡和颂扬的大好事，但是，荐贤者如果动机不纯，谋求被荐者的感恩和回报，甚至通过拉拢亲信结党营私，就背离了荐贤的本义和初衷。为避免此类弊端，就必须对荐举人的权限及其行为作出规范。尽管这样的规范并非刚性，在很大程度上靠自律，但在古代官场却是尽人皆知的通例。其中，"荐贤者当自贤""荐举恐其人闻知"就是最基本的官场守则。

从正史记载来看，领风气之先的是西汉尚书令孔光。据《汉书》《资治通鉴》等史籍记载，孔光入朝任职后，保密意识极强，凡朝中所议机密，绝不外泄。家人偶尔问起长乐宫温室殿旁栽的都是什么树，孔光或是嘿然不答，或是把话题岔开，可见其嘴巴是何等严实。表现在荐贤上，孔光也从来不把消息透露给举荐对象。孔光深受皇帝信任，又官拜丞相，举荐的人才很容易受到重用，登门找他助推的人也特别多。但他每次举荐人才，都唯恐被荐者知道。自此，"荐举恐其人闻知"便成为官风清正的一条重要原则。

孔光之后，将"荐举恐其人闻知"原则坚持得最到位的，是西晋开国元勋羊祜。羊祜是个文武双全且有大德之人，深受晋武帝司马炎器重，但他在朝中谨言慎行，从不滥用荐举权，每次举荐事后，他都会把手稿烧掉。在他举荐下提拔起来的人，都不知道举荐者是谁。羊祜病危时，曾向晋帝推荐杜预接替自己。晋帝问他："举善荐贤，乃美事也；卿何荐人于朝，即自焚奏稿，不令人知耶？"羊祜回答："荐贤引能，乃人臣本务。拜爵公朝，谢恩私室，臣所不取也。"说完就去世了。噩耗传出，正在赶集的老百姓罢市痛哭，街巷悲声相属，连绵不断。时值寒冬，晋武帝亲着丧服痛哭，泪水流到鬓须上都结成了冰。仅此两端，足见羊祜德名之隆。

在孔光、羊祜看来，向国家举荐贤能是职守所当为，尤须公事公办，不应市恩买好，让被荐者感恩戴德，答谢私人，使公权沦为私器，有违立国之本。这就不仅是保守机密的需要，还涉及推荐选拔人才机制的纯洁性问题，更重要的是，秉持"荐举恐其人闻知"这一为官守则，能够有效地防止荐举者和被荐举者互相利用，形成朋党。孔光与羊祜，正是因为荐贤出于公心、用人不结朋党，所以均被后人奉为楷模。

插柳不教春知道，荐贤唯恐人闻知。联想到我们有些单位、有些部门，在推荐选拔领导干部工作中，事前找人提名，事后透露内情，被荐者与举荐者因此结下私交，"伯乐"与"千里马"形成结党营私的利益集团。当前，如何进一步健全人才推荐选拔机制，从制度上引导、鼓励以公心推荐选拔人才，是在我们面前的现实课题。

文种慧眼识范蠡

"知人者智"这个话题,从老子开始说起,距今已有2 500多年了,可见知人是何等重要,又是多么不易。那么,从选拔人才的前提来看,怎样才算知人呢?通俗地说,知人的要义就在于识货与不识货。

譬如剖琢之后的美玉,任谁都能识得,可裹在石中的璞玉识别起来就难了。设若没有由表及里的穿透眼光,是无法辨识何为顽石何为璞玉的。荆山那个地方出宝玉,但不是人人可得,因为这宝玉在未剖琢之前,外表与顽石无二,人称璞玉。

楚国的玉匠卞和得到一块璞玉,可厉王和武王都认为是石头,以欺君之罪把卞和的两只脚给砍掉了。直到文王即位,听到卞和的哭诉,让人剖开这块石头,才发现真是一块美玉。这块被称为和氏璧的美玉,后来被炒到天价,以至于要用十五座城池来换。可是,卞和的双脚却永远也换不回来了。你看,识货的遇上不识货的,代价竟如此惨重!

识玉难,知人更难,难在未显时。古往今来的许多成功人士,在其脱颖而出、大显身手之前,是很难一眼就能看出其才华的。"故明哲之相士,听之于未闻,察之于未形,而鉴其神智,识其才能,可谓知人矣。若功成事遂然后知之者,何异耳闻雷霆而称为聪,目见日月而谓之明乎?"北齐文学家刘昼这段话的意思是说,发现人才于未显之时,才能称得上知人之智;如若发现人才于功成名就之后,那与听到雷霆以为聪、看见日月以为明,又有什么两样呢?想当年,尧之知舜,文王之知吕望,萧何之知韩信,文种之知范蠡,都是识荆于草莽之中,察人于卑微之时,擢才于未遇之际。

大家都知道,文种是春秋末期著名的谋略家,和范蠡一起为勾践最终打败吴王夫差立下赫赫功劳。楚平王时,文种为宛县县令。听说三户里乡下有个叫范蠡的人,出身贫寒,性格独特,行为古怪,隐约感到这是个人才,就派属下前往拜访。范蠡当时不过二十岁,正处在青春叛逆期,虽然满腹经纶,却与世人格格不入,也不为时人所识。属下回来报告说,范蠡是个疯子,三户里的人都这么说。文种笑着说,我听说肚里有货的人内秀外拙,往往会被讥讽为狂人,这不是你们这些人所能理解的。然后,文种就驾车去见范蠡。范蠡呢,避而不见也就罢了,还搞恶作剧:蹲在狗洞里学狗叫。属下担心文种尴尬,就让人拿衣服来遮挡。私下不免嘀咕:我说是疯子吧你还不信?这不是明摆着戏弄人吗!文种说不必遮挡,遂下车来拜,范蠡也不还礼。次日,范蠡估计文种还会再来,就借来哥哥的衣帽换上,准备郑重地会会这位县令。过了一会儿,文种果然来访。于是乎,这两位后来叱咤吴越风云的人物抵掌而谈,不仅谈得来，谈得欢，而且谈得十分投机，以至于旁观者都竖起耳朵来听。

俗话说，"甘瓜抱苦蒂，美枣生荆棘"，好东西未必都有好皮囊。历史上，像文种发现范蠡这样的例子还有很多，其共同点都是慧眼独具，"不待成功而知之"。在这些被发现对象脱颖而出之前，就能看出他们的潜质，是需要一定眼光的，不仅需要深邃的洞察力，而且需要超前的鉴别力。飞龙在天，谁都看得见；潜龙在水，能知其大用的人就不多了。事业的成功，不能只着眼于现在时，还要绸缪于将来时。因此，我们既要任用那些羽翼丰满的成熟型人才，更要敢用那些具有潜质的未来型人才。只有这样，我们的事业才能继往开来，持续发展。

阚泽赌命荐陆逊

"火烧连营"是《三国演义》的重头戏,直到今天,仍为人们所津津乐道。这场战役的全局,史称夷陵之战,是三国时期著名战役之一,双方投入兵力达十万之众,其规模和意义仅次于官渡之战、赤壁之战。指挥这场战役的是一个温文尔雅的书生,名叫陆逊。他所以能走上这场战役的舞台,大学者、大谋士阚泽功不可没。

221年7月,称帝不久的刘备复仇心切,为从孙权手中夺回荆州,洗雪关羽败亡之耻,不惜倾全国之力,亲自率兵伐吴,大有一战灭吴之概。蜀汉大军压境,东吴前线吃紧,孙权求和不成,一边向曹魏称臣,避免两线作战,一面调兵遣将,谋划退敌之策。东吴大事,早先全仗周瑜,周瑜之后有鲁肃,鲁肃之后有吕蒙,而今吕蒙病卒,谁能横刀立马、挥师退敌呢?孙权一时惶然,没了主意。就在这个节骨眼上,阚泽挺身而出,力荐陆逊。他先以陆逊此前夺取荆州、打败关羽为例,证明陆逊虽然是个儒生,但确实有雄才大略,其能力不在周瑜之下,若能起用,必能破蜀,并承诺,如有闪失,愿与陆逊同罪。孙权这才想起陆逊,也有意拜他为将。可张昭、顾雍、步骘等一班重臣老将却不这么想，他们认为，陆逊乃一介书生，资历不深，威望不高，将这么大的事交给他，恐难胜任，也无以服众，弄不好要出大乱子、误大事。阚泽情知举荐陆逊的阻力不小，就大声疾呼说，如若不用陆逊，东吴就此休矣！臣愿以全家性命担保！孙权也认为陆逊奇才难得，于是当机立断，拍板让陆逊迎战刘备。陆逊奉诏而至，但他也担心众将官不服，于是便推辞了一番，然后请求孙权明天当众授命。阚泽上奏说，古人拜将，必筑神坛，大会誓师，从而壮军威、严军纪，令行禁止。孙权准奏，命人连夜筑坛完备，第二天大会百官，请陆逊登坛，拜为大都督、右护军镇西将军，赐以宝剑、印绶，令掌六郡八十一州兼荆楚诸路军马，并授权说，朝廷以内的事，由我来主持，朝廷以外的事，由你全权负责。这样一来，全军将士再无异心，在陆逊的统一指挥下，戮力对敌。陆逊也果然不负朝廷重托，以逸待劳，神机妙算，火烧连营数百里，重创蜀军实力，打得刘备落荒而逃，从而挽东吴于危难之中，史上好评如潮。

从上述历史典故中可以看出，荐贤这件事，并非我们想象的那么简单，特别是在事关重大的紧要关头，要成功地举荐一个人才，既要有识见，也要有胆略。眼力当然是第一位的，看不准就会举不当举，坏了大事，而看准了能否举荐成功，还要靠胆略。像阚泽这次荐陆逊，就是把自己乃至全家人的性命都押上去，才得以实现的。在我国古代，荐贤是件重诚信的大事，疏忽不得。被荐者若有重大过失，须追究举荐者连带法律责任，弄不好要一块儿掉脑袋。从另一角度说，贤能既然需要力挺，说明他尚处发轫之初，还缺乏资历和威信，其价值只是被"识货"者看出来了，众人还不了解他。在这种情况下，尤其需要像阚泽那样，不惜身家性命，据理力争，也需要像孙权那样，力排众议，果断授权。

沈约赤足拜子野

在南朝的历史上，提起沈约来，可以说大名鼎鼎。这不仅因为他历仕宋齐梁三朝，协助萧衍登基称帝有功，更因为他在史学和文学领域都饶有建树，被誉为诗文兼备的"一代辞宗"。著述有《晋书》百一十卷，《宋书》一百卷，《齐纪》二十卷，《梁武纪》十四卷，另有《迩言》十卷，《谥例》十卷，《宋文章志》三十卷，文集一百卷以及《四声谱》等，可惜的是，除《宋书》外，多已亡佚。

可是，就是这样一位博通群籍、著述颇丰的文坛领袖，却赤足拜在一名叫裴子野的晚辈面前自叹弗如。那么，这位叫裴子野的后起之秀是何方神圣，何以能让沈约感到害怕呢？

读过《三国志》的人，对裴松之的名头当不会陌生，他为《三国志》所做的补注，具有珍贵的史料价值，历来为史学界所推重。但对其曾孙裴子野的事迹，知道的人就不多了。

裴子野出生在史学世家，聪颖早慧，勤奋好学，少年时代就以能书善文闻名乡里。步入仕途后，裴子野为官廉明，清高自守，克勤克俭，宅心仁厚，宁肯自家忍受饥寒，也要把朝廷的俸禄分摊给生活困难的亲友，为时人所敬重。他于文史方面的才华，也备受朝野称道。西北边境有两个远邦，一曰白题，一曰滑国。那一年，这两个国家派使者来朝进贡。由于疏隔多年，朝里无人知其来历。裴子野却能引经据典，娓娓道来。于是，皇上便命令他撰写《方国使图》，对邻邦小国广述怀来之盛。由于学识渊博，文思敏捷，他受命起草文稿时，通常是胸有成竹，一挥而就。文字简练朴实，笔势雄浑大气，同僚无不叹服。皇上深为赞许地说，看你样子这般羸弱，文章却写得如此豪壮。自此而后，朝廷的符檄文书，均由裴子野起草。在梁武帝的高度信任下，裴子野由著作郎掌国史，不久又兼中书通事舍人，成为任昉之后赫赫有名的"南梁一支笔"，并形成了一个以他为核心的文人集团。同裴子野交游的学界名流，如刘之遴、肖劢、张缵、刘显、殷芸、到溉等，即便资历胜其一筹，也都宾服他的学识。他们在一起切磋古籍时，每遇意见不合，"咸折中于子野"。

裴子野的曾祖父裴松之，宋元嘉年间受皇帝之命续修宋史，没有完成就去世了，子野常想继续完成祖先遗业。及至齐武帝永明末年，沈约受命编撰的《宋书》问世。在这部皇皇百卷的史书中，沈约夹杂了一句不恰当评语："松之已后无闻焉。"意思是说，松之身后，裴氏家族就再也没出过什么人才了。这样的断言，裴子野看了自然不忿，就更加激起了他重修宋史的欲望。于是利用辞职为父守丧之机，在《宋书》基础上删繁就简，撰写出《宋略》初稿。到得梁武帝时期，又做了进一步修订。这部卷帙仅有《宋书》五分之一的史学论著,"叙事评论多善",成书后博得朝野上下一致赞赏。其中有一句话说,"戮淮南太守沈璞,以其不从义师故也"。沈约读过《宋略》后害怕了,光着双脚到子野的住处谢罪,请求双方消除误解和怨恨。并就子野的著述发出感叹说,我不及他啊。

这件事,《南史·裴子野传》记述得非常简约,原文还不到三十个字,可其中透露出的信息和包含的隐情却很微妙,也耐人寻味。通过对《南史》的全面解读以及后人的诸多考证,至少能让我们从中看出三个问题。

第一,沈约所编《宋史》,是根据何承天、徐爰等所著宋史旧本续撰而成,上溯至魏晋时期,列传于豪门世族,铺陈及诗书礼乐,收罗了大量原始史料,特别是在文史兼融方面,取得了较高的成就。冗长繁杂是实,可取之处居多。既没有一些史学家说得那么好,也没有一些史学家看得那么坏。其突出缺点是对政权鼎革之际的史实,在记载上多有回护,是谓曲笔。

第二,裴子野重修宋史的初衷,虽说是出于完成祖先遗业的愿望,但促使他付诸行动的直接动因是对沈约评价之不忿。这一点,书中没有说破,但引述"松之已后无闻焉"这句话本身就含有这层意思。否则,在已有完整《宋史》行世的情况下,为何还要花功夫另搞一部《宋略》呢?重修《宋略》的目的,除化繁为简外,无疑包含着对《宋史》中的不如人意之处作出矫正。

第三,裴子野撰《宋略》时,头脑是清醒的,力求公正无私,不夹带个人恩怨,还原历史真相。所以,书中有意提明:"戮淮南太守沈璞,以其不从义师故也",即:淮南太守沈璞被杀,是因为他不逢迎孝武帝刘骏的缘故。沈璞是谁呢?沈约的父亲。这一点,沈约看后心里当然明白。他为官期间政声、文名虽高,未免有些趋炎附势,想必是从反面接受了他老爸的教训。

  总而言之,沈约之所以害怕了,并赤足到裴子野府上去谢罪,不仅仅是因为后生可畏的缘故,其实是涉及家族之间的恩怨,并担心于后世留下不良影响。须知,当时的裴子野才四十岁左右,而沈约已快七十岁了。沈约宦海生涯这么多年,为求善终,当服人处且服人,这一点还看不破吗?这俩人后来交集如何,史书上没说,我们不得而知。据《南史》卷五十七/列传第四十七所述,沈约"自负高才,昧于荣利,乘时射势(有版本记作藉势),颇累清谈",曾为梁武帝所疑忌和嫌弃,以致忧惧而死,时年七十三岁。有关部门请示拟给沈约谥号为"文",梁武帝说,"怀情不尽曰隐",遂改为"隐"。裴子野六十一岁那年病死在任上,梁武帝流涕悼惜,褒奖有加,赠赙若干,赐谥为"贞子"。

东郭牙的洞察力

《战国策》有云:"谋未发而闻于外,则危。"意思是说,内部计划还没有实施,外面的人就知道了,这是很危险的。齐桓公曾与管仲闭门谋划讨伐莒国,尚未付诸行动,外边就已传开了。齐桓公感到很奇怪,也有点疑心,就问管仲是怎么回事。

这样的事如果放在今天,发生在有的单位有的领导那里,他们首先会想到,风声是谁传出的。然后从身边人开始,由内而外地一一排查开去。

那么,管仲当时的第一反应是什么呢?管仲说,国中必有圣人。桓公说,哦!白天那些干活的,有个朝台上打量我的人,想必就是他吧!便令那些人继续来干活,原班人马,不许替换。

不一会儿,那个嫌疑对象来了,名叫东郭牙。管仲指认说,就是这个人了。于是让人领他走上台来,同他分阶而立。管仲问,讨伐莒国的事是你说出去的吧?东郭牙答,是的。管仲问,你怎么就认定要伐莒国?东郭牙答,我私下里意会出来的。管仲问,你从哪里意会出来的?东郭牙答,我从国君的神色上意会出来的。那天我遥望台上,见国君面带怒容,这是将要用兵的神色。国君的口型,合于莒字发音;国君的手势,朝着莒国方向。我私下里想,那些小诸侯中,尚未归顺的只有莒国了,所以就对人说,国君将要伐莒。

桓公听了欣喜地说,好啊!你能见微知著,了不起呀!时人评论说,耳之所以能闻,是因为有声。没听到声音,仅凭脸色、口型和手势就能洞悉内心、察知人事,这是东郭牙的高明之处。桓公和管仲虽然善谋,却瞒不过圣人听于无声、视于无形。所以桓公就赐他俸禄,委以重任,东郭牙从而成为春秋时期齐国的著名谏臣,并被后世誉为"桓管五杰"之一。

应该说,这三个人都很厉害,都能于无声处知人断事,其心智何等机敏!这有点像高手之间过招,靠的不是拳脚刀剑,而是内功和神会。都说察人难,知人难,倘若练就由表及里的功力,何难之有?发现人才这件事,不一定非要大张旗鼓,也不必非用繁杂的程式,眼力和直觉有时比走过场的招考还要精准。正如东郭牙所言:"目者,心之符也;言者,行之指也。夫知者之于人也,未尝求知而后能知也。观容貌,察气志,定取舍,而人情毕矣。"倘能意会,何必言传?察风起于青萍之末、识英雄于草莽之中乃大智慧。

不忽木坚辞相位

元世祖忽必烈统治中后期,重用汉臣,实行汉法,开办儒学,保护工匠,采取了"以农桑为急务"等一系列恢复与发展农业生产的措施,并把钞票引入流通领域,中央财政得到进一步加强。但因管控不力,相继发生了理财大臣阿合马、卢世荣等人的贪赃枉法事件。至元二十八年春,右丞相桑哥因结党营私、欺君罔上、卖官鬻爵、贪赃受贿被革职法办后,谁来继任相位更为合适呢,这让忽必烈想起了见识不凡、沉稳敏瞻、廉洁公正的不忽木。

不忽木先后师从王恂、许衡,具有较高的汉文化素养和文学造诣,许衡夸他将来"必大用于世"。不忽木从政多年,先后担任过吏部、工部、刑部尚书。他心系社稷,体恤苍生,多次为国分忧、为民请命,德高望重,此前拜翰林学士承旨、知制诰兼修国史。但他功高而不求封赏,位高却让贤者,历来为史家所称道。

至元十三年,他与同门联名上疏,提出"建国君民,教学为先",建言广立国学,下列诸科,"使其教必本于人伦,明乎物理,为之讲解经传,授以修身、齐家、治国、平天下之道"。忽必烈看了奏疏后,非常赏识。忽必烈常对人夸奖赛典赤·赡思丁能干，不忽木问他何以见得，忽必烈说，这人侍奉宪宗时，常将内府财物拿出来暗中资助我。不忽木说，这是为臣不忠的表现。如果今天有人拿内府财物私自结交亲王，陛下觉得这人怎样？忽必烈立马意识到自己心存偏私，忙挥手说，卿别说了，是朕失言。

至元二十一年，不忽木奉诏回京任参议中书省事。总制院使桑哥向世祖推荐江西榷茶运使卢世荣掌管财政，说他敛财有术，"能救钞法，增课额，上可裕国，下不损民"，若任用他，可使国家财政增收十倍。忽必烈征询不忽木的看法。不忽木奏答："自昔聚敛之臣，如桑弘羊、宇文融之徒，操利术以惑时君，始者莫不谓之忠，及其罪稔恶著，国与民俱困，虽悔何及。臣愿陛下无纳其说。"忽必烈迫于财政紧张，没听他的劝谏，仍任卢世荣为右丞，不忽木因此辞去参议之职。一年后卢世荣以欺君枉法罪被诛，忽必烈这才认识到不忽木预见正确。及至后来，不忽木又曾多次建言进谏，次次切中要害，件件合于法度。

桑哥因误国害民被弹劾后，忽必烈拟任不忽木为右丞。于是就对他说，我过去偏听桑哥，以致天下不安，现今虽然后悔，已来不及了。我结识你于幼时，让你随我一起修学，正是为了今日之用。这一次，朕意已决，请勿多让。不料，不忽木再次推辞说，朝廷中比我资格老的勋爵还有很多，今若破格用臣，恐难服众。忽必烈问，那么谁可当此重任？不忽木回答，太子詹事完泽可以。此前查抄阿合马家，发现一本收受贿赂的簿册，唯独没有完泽的名字。桑哥为相后，完泽曾说过，此人当权，必败国事，现今果如其言。因此，我察知完泽足可胜任。忽必烈说，然则非你无以成我大事。于是就拜完泽为右丞相，不忽木为平章政事。

就像鲍叔牙让位给管仲、公孙枝让位给百里奚，不忽木让相举完泽这件事，史书多有好评，多半是说他襟怀大度，饶有古风。其实，这样的评价，通常基于个人层面，着眼点是私德，而不忽木的让贤，却是顾大局，识大体，对国家与社稷高度负责的表现，弘扬的是公德、大德。古代那些能臣良将，面对个人升迁际遇，向有两种基本选择，或是见贤思让，或是当仁不让，且都不乏先例，很难说让与不让孰优孰劣。关键的问题在于，哪种选择更能利国利民。

完泽在《元史·列传第十七》中，位列不忽木之后，传记也只有区区 500 余字，而不忽木的传记却长达 5 000 余字。篇幅长短也许说明不了太多问题，但细看之后你会发现，完泽的履历平淡无奇，毫无过人之处。既然如此，不忽木为何还要让位于完泽呢？综观史书记载，不忽木这样做，至少基于三点考虑。一是自己非蒙古族裔出身，跻身高位容易引起朝臣非议和内讧；二是守成时期最忌折腾，需要完泽这样的勤谨务实者治国理政；三是自己不居相位更有回旋余地，照样能够从容地参政议政。这几点，无一不是站在大局上考虑问题，因而也就更加难能可贵。

完泽年长不忽木九岁，出身土别燕氏，助元太宗伐金有功，"以大臣子选为裕宗王府僚属。裕宗为皇太子，署詹事长。入参谋议，出掌环卫，小心慎密，太子甚器重之。一日会燕宗室，指完泽语众曰：'亲善远恶，君之急务。善人如完泽者，群臣中岂易得哉！'"元史中这段话，除了说明完泽出身正统外，还透露出两层意思，一是说他行事严谨，二是说他至善无二。这两点，再加上不忽木介绍他立身清正、无急功近利之欲，恰是守成之相的必备素养。

完泽继相位后，兴利除弊，强基固本，罢战息兵，轻徭薄赋，民众得以休养生息，京畿粮仓也逐渐丰盈起来。后来，有人告发完泽徇私，世祖忽必烈召不忽木前来查实。不忽木回答说："完泽与臣俱待罪中书，设或如所言，岂得专行？臣等虽愚陋，然备位宰辅，人或发其阴短，宜使面质，明示责降，若内怀猜疑，非人主至公之道也。"经当面对质，进谗者果然理屈。忽必烈很恼火，就令左右掌嘴后轰出朝廷。这件事发生后，忽必烈对不忽木更加倚重。

忽必烈去世后，完泽、不忽木等人辅立铁穆耳即位，是为元成宗。铁穆耳执政时期，继续以完泽为相，推行"持盈守成"的基本国策。铁穆耳对完泽信任有加，"成宗倚任之意益重。而能处之以安静，不急于功利，故吏民守职乐业，世称贤相云"。不忽木在成宗朝亦受推重，拜他为昭文馆大学士，平章军国重事。不忽木坚辞不受，成宗于是令去"平章军国重事"中的"重"字。后来，成宗又特命不忽木行中丞事，兼管侍仪司事。

不忽木家本贫寒，不好奢华，其俸禄赏赐多余部分用以救济亲朋好友。他善于识别人才，朝中不少德能兼备之臣都是他推荐的。不忽木平时少言寡语，但在参议国家大事时，却能仗义执言，明辨是非。世祖视他为股肱，临崩时送他白璧云："他日持此以见朕。""武宗时，赠纯诚佐理功臣、太傅、开府仪同三司、上柱国、鲁国公，谥文贞"。

冯京拒聘"国丈婿"

赵匡胤开国之后，奉行"文以靖国"的理念，通过完善科举，创设殿试，知人善任，厚禄养廉等举措，使宋代文化空前繁荣，后人称誉"宋朝是文人的乐园"。

宋代科举的盛况，远超唐朝。特别是到科考的最后冲刺阶段，皇上亲临殿试，钦点胪传，并诏令举行隆重的仪式。赐宴琼林后，新科进士们由宫廷卫士清场开道，披红簪花，跨马行街，公卿以下无不驻足观望。场面之红火，情景之壮观，就连凯旋的将士也不能比。北宋尹洙说："状元登第，虽将兵数十万，恢复幽蓟，逐强虏于穷漠，凯歌劳还，献捷太庙，其荣亦不可及也。"刘一清在《钱塘遗事》中将这一场面描绘为"五荣"，即"两观天颜，一荣也；胪传天陛，二荣也；御宴赐花，都人叹美，三荣也；布衣而入，绿袍而出，四荣也；亲老有喜，足慰倚门之望，五荣也。"状元及第后，通常授予将作监丞，出任通判，不过十年便可位列朝班，荣任大员。连中三元者，更是前程无量，所谓"三元及第才千顷，一品当朝禄万钟"。有宋一朝，就有不少官至宰辅的状元，如吕蒙正、宋庠、冯京、文天祥等。

正因为金榜题名如此多娇,引众多达官显贵竞相前来争抢"凤凰男",由此上演一幕又一幕"拉郎配"闹剧,史书将宋代这一特殊景象戏称为"榜下捉婿"。周密在《武林旧事》中描述,进士及第者着布衣进殿,赐绿袍出宫,"自东华门至期集所,豪家贵邸,竞列彩幕纵观,其有少年未有室家者,亦往往于此择婿焉。"王安石赋诗云"却忆金明池上路,红裙争看绿衣郎"。回首当年进士及第的刹那荣耀,就连性情古怪的临川老先生也觉得浪漫依然。

"择婿"唤作"捉婿",动感立马增强,戏谑之情油然而生。那些为功名所累的学子们,"十年寒窗无人问,一举成名天下知"。于是乎,闻名而来求婚的人挤破了柴门。不管你是富家子还是穷酸儒,也不管你是少年郎还是老学究,只要是文曲星下凡,就不愁如花美眷送上门。话说福建有位叫韩南老的人,古稀之年进士及第,乡里人都想与他攀亲结贵。欲钓"金龟婿"的富户,便托媒妁登门求亲。韩南老觉得可笑,遂以打油诗作复:读尽文书一百担,老来方着一青衫。媒人却问我年纪,四十年前三十三。如果说这是齐东野语、坊间传闻,不足为信,那么下边这段轶事,却是见诸堂堂正史。

据《宋史·列传第七十六·冯京》记载,鄂州江夏人冯京,丰神俊逸,气宇轩昂,自打年轻时就才华横溢,卓尔不群,从乡试到礼部主持的省试,再到廷试,连中三元。在我国一千五百余年科举史上,能获得这一殊荣的读书人凤毛麟角,有据可考的也不过十余人。冯京当时尚未婚配,因此成了豪门贵戚们争聘东床的首选对象。位及三司使的张尧佐,其侄女乃仁宗皇帝册封的贵妃,向以"国丈"自诩。为把女儿许配给冯京,就先下手为强,派出手下得力部众,硬是把冯京"绑架"到自己府中,给他系上金腰带,并说这是皇上的美意。过了一会,宫中端来酒肴,并将贵妃所赐嫁妆展示给他过目。冯京面带微笑,看也不看,坚决地予以谢绝了。接下来,又被枢密使张者的家臣簇拥到府上,仍说是皇上赐婚,冯京再次谢绝了。冯京并非不愿同名门望族联姻,只是看不惯他们那副倚权仗势的德性。他后来续娶的夫人,就是当朝宰相富弼的女儿。富弼人品高洁,好善嫉恶,为官清正,廉声颇高,苏轼称其为"人杰"。

在冯京独占鳌头的民间传闻中,还曾发生过一段有趣的插曲。冯京这次殿试,有个竞争对手叫石布桐,是张尧佐的外甥。为了能让石布桐稳中状元,张尧佐煞费苦心,不仅重金收买监考、阅卷官员,还请人卜测本科状元花落谁家。当他听说状元得主有可能是冯姓,就吩咐考场事务有司,凡是姓冯的考生,一律不得登入准考簿册。冯京得知消息后,就把姓名中冯字的两点移到京字上,改名马凉,得以顺利入闱,高中状元。直到面见皇上时,冯京才禀明原委,将名字改了回来。

冯京敢同权贵斗法这件事传到坊间,人们都称赞他是"硬骨头状元",并有"错把冯京当马凉"这一民谚传诸后世。我国口头文学乃至世界民间文学,都喜欢借用产生光环效应的轶闻趣事来烘托名人。至于"错把冯京当马凉"这一掌故,原本出自何处,人们倒不去计较了。

袁枚吐槽《长恨歌》

清乾隆十七年（1752年），37岁的袁枚赴陕西候缺，途经马嵬驿。凭吊之余，写下了一首怀古七绝。诗曰：莫唱当年长恨歌，人间亦自有银河；石壕村里夫妻别，泪比长生殿上多。

马嵬驿，又称马嵬坡，位于陕西兴平市西，距古长安城一百多华里，如今已成为历史文化遗迹，常年接待游客观光。作为传递文书和情报者或来往官员途中食宿、换马的场所，驿站在我国古代到处都有。马嵬驿所以出名，是因为它与唐天宝十五年发生的一个重大事件联系在一起。

想当年，唐玄宗为避安史之乱，一路西逃到马嵬驿。在这里，禁军大将陈玄礼为天下计杀了杨国忠后，军士们仍然不愿散开。玄宗遣高力士询问，回答说，祸乱根源尚在！我国古代向有红颜祸水之说，这显然是指杨玉环了。不得已，玄宗只好与贵妃诀别，让人引领到路旁的佛堂内自缢。

马嵬驿连同杨贵妃墓（衣冠冢），是个凭吊抒怀、慨叹兴亡的所在。安史之乱的硝烟散尽之后，不知有多少骚人墨客在此留下自己的诗文。其中，白居易那首长篇叙事诗

《长恨歌》最为有名。该诗以回环往复的镜头，如梦如幻的画面，着意渲染了唐玄宗与杨贵妃的爱情悲剧，缠绵悱恻，哀婉动人，其艺术特色自不待言。但是，美则美矣，艳则艳哉，终究不是平常人家的境遇，牛郎织女天仙配的故事更让百姓喜闻乐见。尾句"天长地久有时尽，此恨绵绵无绝期"，也只是在替唐明皇倾诉内心的幽怨而已。

《唐阙史》点评说，"马嵬佛寺，杨贵妃缢所。迩后才士文人，经过赋咏以导幽怨者，不可胜记，莫不以翠翘香钿，委于尘土，红凄碧怨，令人悲伤，虽调苦词清，而无逃此意。独丞相荥阳公郑畋为凤翔从事日，题诗曰：玄宗回马杨妃死，云雨难忘日月新。终是圣明天子事，景阳宫井又何人"。诚如斯言，这首诗比起那些悲红悼翠、怜香惜玉的篇章大气多了，但总归落于吟咏帝业兴衰的窠臼。

980多年后，袁枚的这首《马嵬驿》却一改俗套，别翻新意。在这首诗里，袁枚把凭吊的视角由宫掖转向民间，由天子转向苍生，借杜子美《石壕吏》同情民间疾苦的心态，对白居易《长恨歌》颂扬皇室爱情的旨趣提出了异议，不无反诘地写道：当年帝妃之间的爱恨不值得传唱，人世间因有银河相隔而导致的悲剧更让人叹惋；就拿穷苦人家发生的夫妻离别来说，石壕村里的泪水要比长生殿上的饮泣多得多了。长生殿与石壕村，是安史之乱期间上演悲剧的两个典型场景，代表着两个不同阶层的不同遭遇，袁枚信手拈来，加以对比，立意自出，性灵乃现，鲜明的反差更能让人体味出其中的现实主义情怀。

袁枚（1716－1797），字子才，号简斋，是清中叶代表诗人之一，与蒋士铨、赵翼合称"乾嘉三大家"。袁枚这首诗通俗易懂，将李隆基与杨玉环的爱情悲剧置于民间背景下加以审视，强调大众的疾苦更值得同情，远非帝妃可比，这就在以往那些咏史诗的境界上大大前进了一步。尽管袁枚并不以现实题材见长，这首诗传播的范围也不是很广，知名度不是很高，但作者能从长生殿联想到石壕村，所体现的关注民生的人文意识还是值得肯定的。

王勃因戏说被逐

这世上,凡人都喜欢听笑话,因此说笑话的人很受欢迎。每年一度的春晚,语言类节目为什么分外吸引人,道理也在于此。但是,开玩笑还是要注意身份、对象、场合和分寸,即便你满腹经纶,舌绽莲花,而且兼具幽默才华,也不可随意发挥,特别是在官场和职场,倘若用得不是地方,就有可能造成不良后果,带来尴尬是小事,闹剧变成悲剧就追悔莫及了。在历史长河中或现实生活中,并不乏这样的教训。

但凡读过一点书的人,没有不知道王勃的。他即兴创作的那篇《滕王阁序》,不仅于今仍为人津津乐道,即便在当年也是轰动天下的绝妙好文。这一骈文名篇问世时,王勃不过二十岁。可惜的是,这位以"诗杰"著称的少年才俊,就像一颗划过天际的耀眼流星,不到而立之年就因渡海溺水而亡。

据《旧唐书》《新唐书》等史籍记载,王勃天资聪颖,悟性过人,六岁就能写出一手好文章,九岁时就能看出颜师古所注《汉书》的瑕疵,十四岁时被朝廷授予朝散郎,十六岁时为沛王李贤征为王府侍读兼修撰。王勃为文的习惯也很奇特,"初不精思,先墨磨数升,则酣饮,引被覆面而卧。及寤,援笔成篇,不易一字,时人谓勃为腹稿"。据说,这就是"打腹稿"典故的由来。王勃在世时间虽短,著述仍然不少,曾撰有《汉书指瑕》十卷、《周易发挥》五卷、《次论语》十卷、《舟中纂序》五卷、《千岁历》若干卷等,可惜皆已亡佚。存世的唯《王子安集》十六卷,也非全本。

横溢的才华让王勃无所顾忌,发挥超常,以致"聪明反被聪明误"。在唐代,不论是民间还是宫廷,斗鸡游戏非常盛行,唐高宗时期也不例外,各王府之间的斗鸡活动热闹非凡。某日,沛王与英王之间的雄鸡争霸战正酣,十八岁的王勃一时兴起,遂挥笔写就了一篇带有戏说口吻的声讨书《檄英王鸡》,为沛王鸡助阵。文章从鸡在人间的种种美德写起,然后展现了好斗之鸡的骁勇与威风。全文一气呵成,文辞幽默隽永。场面铺陈紧张激烈,情景描摹活灵活现。文中有"两雄不堪并立,一啄何敢自妄""纵众寡各分,誓无毛之不拔""血战功成,快睹鹰鹯之逐"等句子。

这篇开玩笑的檄文,章句严谨,文采斐然,只是血腥味浓了些。唐高宗看到后,不由得雷霆震怒,认为王勃身为博士,对这种游手好闲的现象不行谏诤,反作檄文,有意虚构,夸大事态,无疑是在挑拨诸王之间的关系。当即诏令废黜王勃官职,逐出沛王府。王勃被逐后,只好远游江汉,登山眺望,赋诗遣情。后来虽被启用,但因杀一犯罪官奴而险些丧命,连累他父亲也被贬官。自此便弃官在家,一心著书。28岁那年,王勃前往交趾探望父亲,"渡海溺水,惊悸而卒"。

王勃的遭遇说明,无论你才气有多高,名气有多大,都应当谦虚谨慎,不可忘乎所以。特别是那种有可能招致不良影响的玩笑开不得,涉及人事的戏说后果很严重。于是,有人感叹说,都是年轻惹的祸。

祢正平过激被杀

京剧有一传统剧目叫《击鼓骂曹》，剧情取材于《三国演义》，说的是处士祢衡因被曹操轻慢而发泄不满的故事。年轻时看戏听书品三国，对祢衡的做派非常欣赏，敬佩他不愧为山东好汉，有骨气，够爷们。后来翻阅正史，对祢衡的人生际遇有了进一步了解，心情不免有些沉重起来。

据《后汉书》等史籍记载，祢衡崇尚气节，才智机变，但却恃才傲物，桀骜不驯。他到都城许昌求职时，牛气冲天，全不把当时名流放在眼里，能让他佩服并投契的只有孔融和杨修。孔融比祢衡年长许多，尤为爱惜祢衡的才华，曾在曹操跟前多次举荐，曹操也想见见他。祢衡一向鄙视曹操，非但称病不去，还说了不少难听的话。曹操尽管气愤，但碍于祢衡的才名，不想杀他。

曹操听说祢衡擅长鼓技，就召他为鼓史，为宴会的宾客击鼓。祢衡的演奏别具情态，声节悲壮，听者莫不感慨。祢衡上场来到曹操面前时，由于没按规定着装，受到现场官吏呵斥。祢衡就当着曹操和众人的面，将衣服脱得精光，裸身相向，然后慢慢换上鼓史制服。曹操笑着说，我本想羞辱祢衡，不料反被他羞辱。

祢正平过激被杀

事后，孔融数落祢衡，并说了曹操对他的诚意，祢衡答应去见曹操。听说祢衡登门谢罪，曹操大喜，令门卫有客人来就通报，且等候到很晚。祢衡却穿着粗布衣饰，手拿三尺木杖，坐在大营门口，挥杖捶地，痛骂曹操。曹操怒不可遏，对孔融说，祢衡这小子，我处死他就像扼杀鸟雀、老鼠一般。但考虑到这人向有虚名，杀了他，远近的人会以为我不能容人。现不妨派他到刘表那里，你看怎样？于是，就派人马把祢衡送走了。

刘表和荆州士大夫，先前就佩服祢衡的才名，对他敬重有加，行文议事，没祢衡的意见定不下来。刘表和几位文官竭尽才思合拟了一份奏章，祢衡外出回来，还没看完就撕掉扔了，然后要来纸笔，顷刻成文，且辞达义畅。刘表大悦，更加器重他。可祢衡禀性难移，后来又把刘表给得罪了。刘表情知杀了祢衡，就中了曹操借刀杀人的圈套，蒙受害贤恶名。于是，又把祢衡派到江夏太守黄祖那里。

黄祖尽管性急，但能善待祢衡。祢衡起草的文书分寸得体，很合黄祖心意。黄祖长子黄射对祢衡尤为友善。他与祢衡同游时，对蔡邕所写碑文很欣赏，遗憾没能抄回来。祢衡说，我虽只看了一遍，但还能记得，只是其中残缺两字不知。于是，就默写出碑文。黄射派人抄回来对照，与祢衡默写的相同，众人莫不叹服。黄射宴客，有人送他一只鹦鹉。黄射举杯对祢衡说，请先生以鹦鹉为题作赋，为嘉宾助兴。祢衡挥笔而就，文不加点，辞采华美。

黄祖在大船上请客，因祢衡说话不中听而感到难堪，就呵斥了他几句。祢衡盯着黄祖说，死老头子，说的什么话？黄祖气恼，想要打他，祢衡骂得更凶。黄祖一怒之下，就喝令杀他。黄祖的主簿一向嫉恨祢衡，即刻把他杀了。黄射赤脚来救，已来不及了。黄祖也很后悔，就厚葬了他。祢衡时年二十六岁，他的文章多已散失。

　　祢衡就像一颗划过历史天空的流星，转瞬即逝，但他身上表现出来的顽强个性和不屈的抗争精神，依然璀璨炫目，永世长存，具有独特的文化符号意义。从正史记载来看，说祢衡是个难得的人才，应该没有异议。祢衡以狂为荣，以狂扬名，与魏晋时期的世风有关。他虽然不在"竹林七贤"之列，但却颇具魏晋风骨。祢衡三易其主，终招杀身之祸，实在可惜。古话说，福祸无门，惟人自召。祢衡之死看似偶然，实则早就埋下了祸根。有道是性格决定命运。悲剧的酿成，首先要怪自己狂傲过甚。人有傲骨诚可嘉，敬畏之心不可无。祢衡刚直，不畏强权，值得称道，可他动辄出言不逊，多有人身攻击，以己之快制造别人之不快，就不足取了。凡事都有度，止于至善，过犹不及。换个角度看，祢衡狂傲、过激，却不当死。倘能得遇开明上司，接纳他、点化他、砥砺他，定会成长为有造就的英才。曹操等一干人尽管都接纳过祢衡，却未能把"炼才"之心坚持到底。这也告诉我们，从顽石到柱石，需要一个不离不弃的打磨过程。对那些血气方刚、个性张扬、未经历练的青年才俊，要多一些提携、呵护之心，多一些包容和耐性。

许子远倨傲丧生

三国人才辈出,奇才怪才也不少。可惜的是,他们的人生结局大多不妙,以至于"壮志未酬身先死,长使英雄泪满襟"。何以如此呢?原因很多,但有一条是公认的,那就是恃才傲物,目空一切。仅以曹营为例,如果说杨修死于聪明过头,孔融死于傲慢偏激,祢衡死于口舌之快,那么许攸则死于狂妄无礼。

在三国众多谋士中,南阳人许攸极富才华和战略眼光,孔融称他为"智计之士"。许攸与袁绍、曹操少有交情,早年就立志要干一番大事业。黄巾起义爆发后,他曾同王芬、周旌等地方豪杰联手,密谋废黜汉灵帝,改立刘氏宗亲合肥侯为帝,原以为能得到实力派曹操的支持,不料计划却因遭拒而流产。王芬自杀,许攸等逃亡。袁绍在讨伐董卓过程中谋得冀州,许攸跟随袁绍并成为其谋士。后因所献计谋不被看重,且因家人犯法被袁绍部属收治,一怒之下,许攸转而投奔曹营。

这当口,正值官渡之战相持阶段,袁军兵强马壮,稳居上风,曹军兵少粮缺,难以为继。听说许攸来了,刚歇息的曹操,鞋都顾不上穿,光着脚出门迎接。许攸对袁绍的底细一清二楚，建议曹操派轻兵急袭乌巢烧其粮草，结果战局急转直下，袁军大败。接下来，许攸又献计引漳灌城，平定冀州，袁绍基业彻底崩塌。

许攸自恃功高勋著，口没遮拦，不仅不把同僚放在眼里，还时常轻慢曹操。他曾在大庭广众之下，直呼曹操的小名说，阿瞒，要不是我，你得不到冀州！众将闻言，皆忿忿不平。曹操情知自己能有今天，许攸功不可没，尽管他有所不恭，但他讲的是实话，也就不好当面翻脸，只好笑着回应，你说的对。然而内心底处，却也不无芥蒂。

后来，许攸在邺城东门遇到许褚，大大咧咧地说，你们这伙人，如果没有我，怎能出入此门？许褚大怒，斥责说，我等出生入死，浴血奋战，方夺得城池，你怎敢如此大言不惭！许攸骂道，你们都是些匹夫而已，有什么好说的！许褚忍无可忍，遂拔剑出手，提着许攸的头颅来见曹操谢罪。许褚说，许攸太过无礼，让我给斩了。曹操说，许攸与我乃是旧交，所以才戏言相向，何故杀了他呢？曹操狠狠地责备了许褚一通，下令厚葬许攸。

对于许攸的历史作用，司马光评价说："昔周得微子而革商命，秦得由余而霸西戎，吴国得伍员而克强楚国，汉得陈平而诛项籍，魏得许攸而破袁绍；彼敌国之材臣，来为己用，进取之良资也。"对于许攸的人生结局，罗贯中叹曰："堪笑南阳一许攸，欲凭胸次傲王侯。不思曹操如熊虎，犹道吾才得冀州。"

也有人认为，许攸并非死于狂妄，而是死于他对曹操宽容限度的判断。他以为自己与曹操交情深厚，且有大恩于曹营，只要曹操念旧知恩，再怎么任性别人也奈何他不得。孰料曹操对他早就不耐烦了，正愁没机会收拾他。如果曹操真的有意保护他，部下又怎敢如此轻率地取其首级呢？

"太祖性忌，有所不堪者，鲁国孔融、南阳许攸、娄圭，皆以恃旧不虔见诛。"按照《三国志·崔琰传》的这个说法，许攸等人恃才居功，狂傲过甚，屡出狂言，亵渎了曹操的尊严，终究不会有好果子吃。即便不会亲手处治，也会借刀除之。但不管怎么说，才华可溢不可横，荣宠当谦不当矜。一个人纵然是才华盖世，功勋齐天，也不可骄矜傲慢，狂妄任性。

年羹尧任性罹祸

《雍正王朝》的大戏余音未了，电视连续剧《甄嬛传》《步步惊心》又相继播出，清代名将年羹尧的身世浮沉再次引起了人们的关注。年大将军曾屡立战功，先为康熙所嘉勉，后为雍正所倚重。可这样的荣耀没能维持多久，很快就被削官褫爵，问罪赐死，在大清的天牢中化作一缕青烟消逝了。

年羹尧原本是雍王府家奴，同进士出身，仕途一路顺风，不到三十岁便升任四川巡抚，成为封疆大吏。任上恪尽职守，兴利除弊，淡泊自守，不徇私利，康熙对其作为倍加赞赏，寄予厚望。年羹尧更是感恩戴德，竭诚尽忠。十八世纪初，在清廷入藏驱逐准噶尔军的战争中，年羹尧再立新功，被康熙任命为四川总督，兼理巡抚事，不久又升任川陕总督。1721年9月，年羹尧采取正面进攻与分化瓦解并用的双重战略，迅速平定了青海郭罗克地方叛乱。第二年冬月，年羹尧受命与延信共同执掌军务。雍正即位后，年羹尧倍受倚重，圣谕有云："若有调遣军兵、动用粮饷之处，著边防办饷大臣及川陕、云南督抚提镇等，俱照年羹尧办理。"并告诫云贵川地方官员要听命于年羹尧。自此，年羹尧权势大张，已成为雍正在西部边陲的总代理。雍正元年十月，为平定青海罗卜藏丹津叛乱，年羹尧接任抚远大将军。在他坐镇指挥下，筹划周详，戡乱有方，平叛大获全胜，被雍正破格爵封一等公。年大将军之名从此威震西陲，享誉朝野。与此同时，年羹尧还奉诏参与朝政，同隆科多一起，被雍正视为股肱之臣，共同襄理军机要务。

有道是：水满则溢，月盈则亏。年羹尧于勋高爵显之际，却不知藏锋自敛，越发倨傲不逊，谁都不放在眼里。一次赴京见驾途中，年羹尧令都统范时捷、直隶总督李维钧等跪道迎送。抵京时，黄缰紫骝，绝驰而行，王公以下，膝地郊迎，而他却安坐马上，看都不屑看一眼。王公大臣下马问候，他也只是颔首示意。平素里，年羹尧也恃宠骄纵得出格。他视同僚为部属，发给督抚的函件称"令谕"；视下属为家臣，馈赠物品时"令北向叩头谢恩"；把宫廷侍卫当奴仆，让他们为其"执鞭坠镫"；把自己混同于皇上，蒙古郡王见他要行跪拜礼；接上谕不奉制迎诏，而是"不行宣读晓谕"。年羹尧进呈其出资刻印的《陆宣公奏议》，雍正拟予亲自撰序，可年羹尧不待皇上写出，就把自己草就的序言拿来让雍正认可。即便是觐见雍正，他也是劈腿而坐，毫不顾全人臣之礼。雍正让年羹尧的随从将盔甲脱下来轻松轻松，可是没人敢动，直到年羹尧下令，将士们才纷纷卸甲。金口玉牙抵不住年羹尧一声吆喝，雍正能不介意吗？

雍正即位之初，念年羹尧护航保驾、稳定江山有功，对其十分宽容，甚至还看年羹尧脸色行事，一味地容忍年羹尧的任性。他说谁好雍正就升谁的职；他说谁坏雍正就贬谁的官。在文武官员的选任上，凡是年羹尧保举之人，吏部、兵部一律优先录用。一时间，大清朝野把这种用人现象戏称为"年选"，以至在大西北形成了一个以他为首、以陕甘川官员为骨干，包括其他地区官员在内的年氏集团。那时的雍正，很是欣赏他与年爱卿的莫逆之交，在年羹尧《奏谢自鸣表折》上朱批："我二人做个千古君臣知遇榜样，令天下后世钦慕流涎就是矣。"甚至还动情地表白："朕实不知道如何疼你，方有颜对神明天地也。"可是，一个人到了势焰熏天、无所顾忌的地步时，麻烦也就接踵而至，就连引年羹尧为恩人、为骄傲的雍正也看不下去了。

起初，雍正还只是以诫勉的口气提醒他，应当守成如始，终功全节，切忌倚功造过，返恩为仇；要防微杜渐，勿蹈险地，避嫌远疑，免入绝路。并警告说："你若做得不好，指望朕姑容你，莫想！"继而又发泄对年羹尧的猜忌和不满，并开始疏离年羹尧同其他臣僚的关系。他先后在李维钧、李成龙、王景灏、齐苏勒、高其倬等人的奏折上，一再点年羹尧的名，怀疑年羹尧动机不纯，"大露作威福、揽权势之景，朕若不防微杜渐，将来必至不能保全。尔等当远之"。并明言"朕甚恶之"。由"甚疼之"到"甚恶之"的情感流露表明，雍正与年爱卿的"蜜月"到头了。同时，雍正还暗示群臣揭发年羹尧。他在杨宗仁的奏折上朱批："年羹尧何如人也？据尔所知，据实奏闻。"皇上话中有话，臣下焉能不懂？于是乎，口诛笔伐者有之，落井下石者亦有之。

说起来，年羹尧遭谴的导火索并非大逆不道之事，不过是一句表奏措辞。雍正三年三月,天空出现了"日月合璧,五星连珠"的天文奇观,群臣皆以为"祥瑞",纷纷上表称贺。年羹尧一时疏忽,在贺表中将"朝乾夕惕"误作"夕惕朝乾",雍正老大不高兴,降旨谴责说"年羹尧平日非粗心办事之人,直不欲以'朝乾夕惕'四字归之于朕耳……观此,则年羹尧自恃己功,显露不敬之意,其谬误之处,断非无心"。这段长达二百多字的朱批,说白了就是年羹尧怀有忤逆不敬之心,该当问罪。自此而后,雍正便处处找茬,并以"俯从群臣所请"为名,将年羹尧一贬再贬,直至革去所有职衔,解京问罪。据《清史编年·雍正朝》记载,雍正三年十二月十一日,结年羹尧案。议政大臣、刑部等衙门题奏年羹尧九十二款大罪,应"立正典刑,以申国法"。奏上,得旨:"年羹尧不臣之心显然,但因丧心病狂、昏聩颠倒之所致。邹鲁乃无知小人,相与谋逆之情虽实,而事迹尚未昭著。朕念年羹尧青海之功,不忍加以极刑,著交步军统领阿齐图,令其自裁。"

年羹尧缘何由功臣变为罪臣,后世众说纷纭。有人说,他先是参与了雍正夺位之争,尔后又袒护胤禵等"僭妄非礼"之举,犯了雍正的大忌。也有人说,年羹尧权倾朝野,拥兵自重,对皇权构成了严重威胁。有人认为,年羹尧虽有"功高"之名,却无"震主"之心。雍正曾经说过:"朕之不防年羹尧,非不为也,实有所不必也。"更多的人认为,雍正所以要置年羹尧于死地,主要是因他骄恣过甚,超过了雍正能够容忍的限度,于名分上说不过去,于脸面上看不下来。在雍正看来,你上朝不呼万岁,觐见箕踞而坐，倒也罢了，怎么能把我的举措说成是你的意图呢？再者，年羹尧势焰过炽，积怨甚多，一旦皇上见弃，"倒年"声浪自当高涨起来。有道是，行于当行止当止，任性过头把命丢。这年三月，雍正在年羹尧谢恩折上的朱批："可惜朕恩，可惜己才，可惜奇功，可惜千万年声名人物，可惜千载寄逢之君臣遇合。"接连五声"可惜"之吁，让年羹尧感到大事不妙，赶紧哀鸣乞罪，但却为时已晚。年羹尧至死都没想到自己必死，也没想明白自己因何而死。写到这里，笔者不禁潸然叹曰：数尺白绫索命去，万般荣宠转瞬空。身死不知罪何在，留与后世说亮工。

秦武王好胜殒身

看过《芈月传》的人,对嬴荡这个名字当不陌生。他是秦惠王嬴驷与惠文后生的儿子,嬴姓,名荡。秦惠王去世后,嬴荡继位,是为秦武王(又称秦武烈王、秦悼武王)。想当年,嬴荡可是一名高大魁梧、天生神力的帅哥、酷哥,是项羽的前辈楷模。如今的这些帅哥、酷哥,同他相比可就差得远了。

嬴荡身强力壮,胆豪气盛,自小就好耍枪舞剑、比拼气力的游戏。即位后率性如此,对那些孔武有力的勇士尤为青睐,赏识有加,大力士任鄙、乌获等人都因此做了大官。

有个叫孟贲的齐国人,"水行不避蛟龙,陆行不避虎狼,发怒吐气,声响动天",以力大无穷闻名乡里。一天,他于野外见有两牛打架,就上前用双手将它们掰开。经他这么一拨拉,一头牛倒地,另一头牛仍舞动犄角触撞不已。孟贲气不过,就双手发力,左右开弓,硬是把那头牛的两只角给拔了下来。他听说武王招募天下勇士,就前往秦国应征。经过武王一番测试,情知名不虚传,也封了他一个大官,与乌获、任鄙等人一样受宠。

当然，秦武王并非只是个有勇无谋的顽主。他久蓄问鼎中原之志，统领秦军攻城略地也是一把好手。武王英年早逝，在位不过三年，可就在这短短三年里，他重用颇有谋略的大将军甘茂，攻克了韩国要塞宜阳，接下来又乘胜渡过黄河，夺取了武遂并筑城，为秦国挺进中原、成就帝业，迈出了关键的一步。

公元前307年，秦军攻克韩国重镇宜阳后，武王携一班勇士直奔洛阳，观瞻太庙，只见象征九州的九尊宝鼎一字排开，非常壮观，围而赏之，赞叹不已。武王指着铸有"雍"字的宝鼎说，此乃秦鼎也，寡人当携归咸阳。他问守鼎官吏，有没有人能举起此鼎？回答说，自定鼎以来未曾移动，听说每鼎重达千钧，谁人能举？武王问任鄙、孟贲两位大力士，能否举起此鼎？任鄙推辞说，我只能举起百钧，此鼎十倍之重，力不能胜。孟贲捋起袖子走上前来说，请让我试试，若举不起，休得怪罪。于是将粗绳系于鼎耳之上，束紧腰带，两臂伸入绳索，狠命喝声：起！只见那鼎离地约有半尺后回落。由于用力过猛，眼珠迸出，眼角流血。

武王见状笑道，也太费力了。既然你能举起，难道寡人不如你？任鄙劝道，大王万乘之躯，不可轻试！武王不听，卸下锦袍玉带，束紧腰身，扎紧袖口，跃跃欲试。任鄙拉着他的袖子苦劝，武王说，你自不能，难道妒忌寡人吗？任鄙不敢再劝。武王大步向前，也将两臂套入绳索，心中暗忖，孟贲能举起，我偏要举起再挪几步，方可胜他。于是，竭尽平生之力，屏住一口长气，暴喝一声：起！那鼎也离地半尺。方欲转步，不觉力尽失手，鼎坠于地，砸到武王右脚，咔嚓一声，小腿骨断了。武王大叫一声，顿时昏迷过去。左右扶他回到公馆，血流床席，疼痛难忍，挨至半夜，不治而亡，时年二十三岁。仅是膑骨断裂，应不至于致命，武王之死，当与体力透支过甚、五脏六腑受伤有很大关系。

一个血气方刚的生命，就这样戛然而止，令当世及无数后来人不胜唏嘘，扼腕叹息。平心而论，仅仅为了胜人一等，不惜倾力相搏，以致魂断鼎下，确实不值。嬴荡的行为尽管有些荒唐，但他这种敢闯敢拼的英雄气概，却足以让人感佩。后世之所以将其谥号为武王、烈王、悼王，想必也是出于这样的评价。什么叫酷毙了，嬴荡这才叫真正的酷毙了。这样的诠释，似有戏说之嫌。可是，细看先秦时期的历史，那时的武士是将声名置于生命之上的。东周列国里的勇士、游侠列传里的壮士，哪个不是血性偾张之人？正因为关中自古多豪杰，角力斗勇不恤身，"赳赳老秦"的名号才回荡在八百里秦川。秦代的王者也不像后来的一些主儿，"生于深宫之中，长于妇人之手"，而是谙熟弓马，惯于征战，尚武之风，根植朝野，上有称雄之君，下有好勇之民，类似举鼎竞胜的奇闻多有发生，又岂止嬴荡一人乎？

宋璟理政不偏不党

据《资治通鉴·唐纪五十七》记载，元和十四年，唐宪宗问宰相崔群："玄宗之政，先理而后乱，何也？"崔群对曰："玄宗用姚崇、宋璟、卢怀慎、苏璟、韩休、张九龄则理，用宇文融、李林甫、杨国忠则乱，故用人得失，所系非轻。"崔群提到的姚崇与宋璟，先后辅佐唐玄宗治国理政，从而走向开元盛世，成为后世称道的唐代名相。

唐开元四年，姚崇请辞，推荐广州都督宋璟接替自己为相，玄宗应允，派内侍杨思勖前去迎接。赴京途中，宋璟居然没与杨思勖搭腔。这让深得玄宗宠信的杨思勖大为不快，回京后便向皇上告讦、诉苦。玄宗嗟叹良久，越发敬重宋璟，即拜其为刑部尚书，继而代姚崇为相兼吏部尚书。

宋璟担任吏部尚书期间，致力于选拔贤良，根据才能不同授予相应官职，使百官各称其职，但对那些拉关系、走后门的投机钻营者，却毫不容情，坚决拒之门外。那些跑官要官的人，不论是请托的，还是自荐的，也不论是家族中人还是皇亲中人，都被他一一挡了回去。

候补官员宋元超，说起来算是宋璟的远房叔父。他以宋璟长辈的身份来到吏部,希望能因此得到照顾。事情报告到宋璟那里,宋璟给吏部写信说,宋元超是我的三叔父,因他定居洛城,所以平日未能经常前去参见。我既不敢为这位长辈隐恶扬善,又不愿因私害公。以往他没提出这层关系,吏部自然可以照章办事,现在既然他明确表示希望因此而得到照顾,那就必须矫枉过正而不能录用他了。

宋璟不偏不党,公正无私,因而也就不避权贵之威,敢于犯颜直谏,就连唐玄宗也惧他三分,让他三分。岐山县令王仁琛,曾为当年藩王李隆基的故吏,也是皇后的族亲。开元七年十一月,唐玄宗未与朝臣商议,便将王仁琛墨敕斜封为五品官。"墨敕斜封"是唐代一种非正式授官方式。皇亲国戚受贿于请托求官者,绕开吏部审查,直接递送到皇帝手上,由皇上亲笔敕书任命官位。由于敕书是斜封着从侧门交付中书省,所以这类官员被称为"斜封官"。宋璟得知后,硬是谏阻玄宗收回了成命,交由吏部勘验后决定升降。同样被挡回去的还有宁王李宪,他奏请任命姻亲薛嗣先一个实职,最后还是打回到吏部,按照既定的程序,合理调整职位。

在此之前,每逢秋季,往往会有来自各州的"朝集使"携金带银进京打点,等到来年开春,那些地方官大多得到升迁。自从开元七年之后,在宋璟持续的努力下,凡属不走正常程序、未经考察核审而任用的官员一律废黜。在中宗、睿宗朝形成的"墨敕斜封官"的旧例基本革除,请托求官的积弊也几近绝迹。

有个叫范知璿的落榜文人,一直未能找到进身之阶。

在他眼里，只见过不图钱的廉吏，还没见过不爱名的清官。并以为，吃了宋璟闭门羹的人，笃定是手段不对路，技巧不到位。于是，就下功夫撰写了一篇题为《良宰论》的文章，想方设法打通关节，请吏部主事向宋璟代为举荐。

这篇署名为"山人范知璿"的文章，看起来是在论述怎样才算一个好宰相，但在字里行间却暗含着对宋璟的曲意奉承。用现今的话说，就是"精神贿赂"。他原以为自己手段高明，不着痕迹，将邀宠求荣之念隐于溢美曲笔之下，不料却被宋璟识破了用心。呈送到尚书府邸后，宋璟阅后批示："观其《良宰论》，颇涉佞谀。山人当极言谠议，岂宜偷合苟容！文章若高，自宜从选举求试，不可别奏。"意思是说，从这篇《良宰论》来看，此人颇有阿谀讨好之嫌。隐士应竭力陈述公正无私之论，怎么能靠苟且迎合以求容身呢？他若真是文章高手，自当通过科举出仕，不可为他另行奏议。

孟明视三败不见弃

由于信任所产生的激励作用远胜于奖励,因此历来为用人者所推重。敢用败军之将,令其戴罪立功,也成为历史上开明君主的一条重要策略。倘若深受你信任的将领,一败再败,你还会看好他、任用他,给他第三次、第四次机会吗?这档子事还真让秦穆公给碰上了。

公元前628年,郑文公、晋文公相继去世,秦穆公得到当年留驻郑国的杞子密报,说他已操控郑国北门,赶快发兵前来偷袭。穆公就派孟明视等将领挥师伐郑。秦军行至滑国,风声已经传了出去,郑国也已做好应战准备,孟明视等只好无功而返。秦军经过崤山时,疏忽大意中了晋军的埋伏。原来,晋襄公听说秦国乘文公去世之机偷袭友邦,冒犯了晋国的尊严,威胁到晋国的安全,于是就化悲痛为力量,在崤山设下伏兵,一举全歼秦军,并生擒了孟明视等三位主帅。文公遗孀文嬴见娘家人被俘,就上前说情。襄公看在文嬴首结秦晋之好的分上,就把孟明视等给放了。大将先轸得知后立马来见襄公,愤怒地说,前方将士拼死才擒获他们,怎能轻易饶恕?襄公这才后悔起来,就派人追至河边诱捕,孟明视说声三年后再来拜谢襄公不杀之恩，驾轻舟溜之乎也。

孟明视等侥幸脱险后，自知败军之将罪责难逃，回国后即使不掉脑袋，也要被褫夺兵权囚禁起来。穆公得知全军覆没、三帅被俘后，气闷难耐，寝食不安，又听说三帅被释，这才转悲为喜。左右纷纷议论说，孟明视等丧师辱国，论罪当诛，否则无以警示三军。穆公说，这次战败，其罪在我，无关他人，皆因当初不听老臣劝告所致。于是就身着素服，亲自来到城郊，迎接并抚慰孟明视等三位主帅，让他们继续领兵，且礼待更为优厚。

三年后，孟明视经过一番秣马厉兵后，为雪崤山之耻，主动请缨伐晋，秦穆公为其锐志所鼓舞，慨然应允。晋襄公料到秦国迟早会来报复，经常派人刺探秦国军情。当他得知孟明视举兵的消息后，笑着说，那位要拜谢我不杀之恩的人来了。于是就调兵遣将，亲率大军迎战。孟明视等尚未抵达边境时，大将先且居说，与其等候秦军来战，不如先发制人。于是就率军西行至彭衙，与秦军遭遇。双方摆开阵式，准备决一死战。有位曾担任晋国主帅先轸车右之职的甲士，名叫狼瞫，不知何故被免职。为了证明自己并非无能之辈，就伙同战友鲜伯等百余人，采取自杀式袭击，率先冲入敌阵，杀得秦军阵脚大乱。先且居见状，率大军乘势掩杀过去。孟明视无力招架，再次铩羽而归。

如果说，上次崤山之役是秦穆公估计不足，又不听朝臣劝告所致，应负领导责任，但他孟明视回师途中因麻痹大意而中埋伏，确有不可推卸的直接责任。这次彭衙之战，竟被晋国百余人的敢死队给冲垮了，还有什么话好说呢？

接连两次败绩，孟明视锐气顿挫，颜面尽失。敌国的嘲讽，朝臣的非议，国人的愤懑，都让他抬不起头来。等着他的，还有军法的处治。回国后，不料穆公没办他的罪，也没弃用他。这让孟明视愧疚难当，深感自己对不起国家社稷，对不起关中父老，对不起穆公的信任，对不起阵亡的将士。于是，他将俸禄和积蓄都拿出来，抚慰阵亡将士家属。可是，没等秦军缓过气来，晋国军队就于这年冬天打过来了。为了阻遏秦国势力东扩，巩固霸主地位，晋襄公再次任命先且居为大将，纠合郑公子归生、宋公子成、陈大夫辕选，联合起来攻打秦国。孟明视情知目前的秦军无力同晋军抗衡，就勒令各路将士关紧城门，严防死守。这样一来，晋军顺利拔下彭衙、汪邑两城。消息传来，秦国朝野嘘声四起，指责孟明视胆小怯阵，不配领军，建议解除孟明视等人兵权。周边一些戎狄小国，见秦国如此不堪，纷纷脱离归附关系。面对颓局，穆公不无自信地说，孟明视定能战胜晋军，只是时机未到而已。

公元前624年5月，在穆公鼎力支持下，孟明视痛定思痛，汲取教训，经过几年的整训，挑了一批精兵猛士，选了五百乘战车，率军大举伐晋。他请穆公亲往督战，发誓说："若今不能雪耻，誓不生还！"穆公叹曰："寡人乃三见秦败焉，若再无功，寡人也无面目返国。"于是，拨出足够钱粮，安顿好军士家属，慨然上路。渡过黄河后，孟明视命人焚毁战船，激励大家以必胜的勇气血战到底。三军将士同仇敌忾，甘愿效死，接连收复两座城池。晋国见秦军怒气冲霄，来势凶猛，迎头抵御，难撄其锋，只得坚守四境，闭关免战。以至秦军所到之处，竟无一兵一卒出城应战。秦军大仇已报，见好就收，途经崤山时，掩埋好三年前阵亡将士尸骨，洒泪祭奠了一番，这才班师凯旋。回国后，穆公拜孟明视为亚卿，与百里、蹇叔两位相国同执国政，西乞术、白乙丙二帅俱获封赏，改蒲津关为大庆关，以志军功。周边二十余戎狄部落，见大秦重振雄风，纷纷来归。

对手下战将，三败而不弃用，这是秦穆公众多用人事迹中的典例之一，也是他一生中最精彩的篇章之一，因此受到历代史官的一致赞赏。看好后高度信任，信任之始终如一，是用人之道的最高境界，也是秦国之所以能雄起西戎的一个头等要素。

直不疑被疑不释疑

面对误会和猜疑，人通常会急于辩解。可是，有些解释能够即时弄清真相，立马澄清是非，有些解释反而会越描越黑。解释多了，人家会想，你不会是"隔壁王二"吧？因为有些解释需要经过时间的检验和第三方旁证。

汉代有个叫直不疑的人，初为侍郎，其同舍的郎官因急事返乡，匆忙间拿错了钱袋。钱袋的主人遍寻不获，便怀疑是直不疑拿去的。直不疑不加分辩，默默地赔了钱。返乡的同僚归来后，真相大白。拿错钱袋与遗失钱袋的人一齐向直不疑道歉，并对他宽厚的人品深表敬佩，尊他为长者。事情传到汉文帝耳中，很欣赏直不疑的度量，就擢升他为太中大夫。事后有人嫉妒他，传言说，直不疑那人表面清高，内心肮脏，他若无其事地和他嫂子私通，就是最好的例子。直不疑听说后，微笑不语。因为直不疑是长子，哪里来的兄嫂？

直不疑是南阳人，姓直，名不疑，原本如此，并非别号。直不疑崇尚黄老之学，为人内敛，做官低调，虽官至御史大夫，却不喜以官名相称，唯恐人家知道他的政绩。他的事迹为多家史籍所载，也有多个版本，内容大同小异，上述仅为其一。

洪应明在《菜根谭》中说:"信人者,人未必尽诚,己则独诚矣;疑人者,人未必皆诈,己则先诈矣。"严顺开在小品中扮演的那个张三,其身虽正,人也厚道,但心眼小,心事重,顾忌太多。由于他拐弯抹角地设法避嫌,处心积虑地证明自己清白,反倒加重了人家对他的疑心,以至于歪斜的影子一直拖在身后,怎么也甩不掉。这也可以说是庸人自扰吧。

清者自清,浊者自浊。有时不屑争辩,懒得解释,未尝不是一种人生态度。因为事情的真相只有一个,水落可见石出,雨过会有天晴,事实胜于雄辩,疑云散于清风。对那些疑心重的人,最好的办法就是:走你,别去理他!

武则天点化狄仁杰

狄仁杰的名字，随着大型古装推理悬疑电视剧《神探狄仁杰》的上演，再度闻名市井坊间。其实，狄仁杰的主要历史功绩不是断案，而是辅助大唐女皇理政治国。

狄仁杰是武则天当政时的名相，德高望重，敢于直谏，深得武则天赏识和敬重，尊称他为"国老"。狄仁杰因病去世的噩耗传来，武则天流着泪说，上天夺走了我的国老，使我朝堂里没有像他那样的人才了。而狄仁杰之所以能走进朝堂一展身手，则是武则天广延贤良的人才战略得以实施的结果。

狄仁杰任豫州刺史时，政绩突出，官声颇高。入朝为宰相后，武则天对他说，你在汝南干得不错，有人向我举荐了你，但也有人说你坏话，你想知道是谁吗？狄仁杰谢绝说，陛下认为我有过失，我自当改正；陛下明察我无过失，这是我的幸运。我不知谗毁我的人是谁，也请陛下不要让我知道那人是谁，就当他是我的朋友好了。武则天对狄仁杰坦荡宽厚的胸怀深为叹服，信任有加。但尽管如此，狄仁杰也有容不下人的情况。

狄仁杰与娄师德同朝为相，可狄仁杰总是瞧不起娄师德,他排斥娄师德也不是一天两天了。为促使他们精诚团结,武则天找来狄仁杰谈话。武则天问,我能重用你,你知道为什么吗?狄仁杰回答说,我靠的是文采和品行进身,并非碌碌无为而靠别人。武则天又问,娄师德这人贤能吗?狄仁杰答,作为将军能恪尽职守,贤能与否我就不知道了。武则天再问,娄师德知人吗?狄仁杰答,我曾与他共事,没听说过他知人。过了一会,武则天说,我原先并不了解你,你所以能有机遇成为朝廷重臣,其实是娄师德力荐的。于是令侍从拿来文件箱,取出约十件推荐狄仁杰的奏本,交给狄仁杰。狄仁杰读后,惶恐地认错,武则天没有责备他。狄仁杰出宫后说,我没想到自己一直被娄公所包容,而娄公却从未有过夸耀的神色。

这件事在《新唐书》《旧唐书》和《唐语林》中均有记载,人们也多有引用,通常是赞扬娄师德不计个人恩怨,不以荐贤有功自矜,表现出待人宽厚的胸怀;狄仁杰虽然对人刻薄,但能知错就改。细阅之下,武则天知人善任,诱导臣僚和谐共事的做法,同样值得称许。毛泽东曾对身边工作人员说,武则天确实是个治国之才,她既有容人之量,又有识人之智,还有用人之术。

齐威王打假振国威

提起齐威王,读者应该不会陌生,因为他是个有故事的人。如,"邹忌讽谏""齐魏比宝""田忌赛马""门庭若市"等典故,都与齐威王有关。他在位三十多年,视人才为国之宝,以得人为政之要,先后办了三件大事:大刀阔斧治吏,察人求真务实;重用优秀将才,破魏称雄中原;创办稷下学宫,建立国家智库。这三件事,每件事都足以改变社会面貌、影响天下格局。

齐威王即位之初,政务荒疏,军备废弛,国将不国,危在旦夕。后来,他虚心接受淳于髡、邹忌等人劝谏,振奋精神,励精图治,很快使齐国强盛起来。齐威王实施强国战略的第一步,就是明察暗访辨毁誉,赏罚严明正官风。

晏子曾对齐景公说,下面的人不敢讲话,我称之为哑;上面的人听不到意见,我称之为聋;上聋下哑,怎么可能治理好国家呢?其实,对治国更为有害的是,下面不说实情,上面听不到真话。

邹忌任相国后,经常打听地方官员的德才表现,向齐威王禀报。同朝之人,无不极口赞扬阿大夫,而贬责即墨大夫。齐威王也于不经意间,时时问及左右,得到的回答与邹忌的报告略同。齐威王隐约感到，近臣内侍的"一致认为"背后有猫腻，就派人前往这两个地方明察暗访。实地考察的结果，与朝廷里的评价大相径庭。于是，齐威王就把全国72个县邑的头头召集起来，举行了一次有警示意义的"御前会议"。当时齐国的政区为县邑，县邑的最高长官为大夫。阿与即墨，均为齐国大邑。

齐威王把即墨大夫叫到跟前说，自你管理即墨，每天都有坏话传来。可我派人到即墨一看：田野开垦了，民众富足了，官府无积案，东方得以安宁。他们为何却说你的坏话呢？这是因为你没有巴结我的左右来求得荣誉啊！随即封赐即墨大夫享用万户侯的俸禄。

齐威王又把阿大夫叫到跟前说，自你守阿以来，每天都有好话传来。可我派人到阿地一看，田野未垦，百姓贫苦。赵国攻打甄邑时，你不救援；卫国夺取薛陵时，你不知道。他们为何却说你的好话呢？这是因为你重金收买我的左右以求得荣誉啊！随即把花钱买好不作为的阿大夫，连同受贿说假话的近臣一并给处死了。

在一些古装影视中，我们经常看到这样的镜头：地方官员贿赂公卿或钦差大臣，总是拜托朝臣在皇上面前多多美言几句。这说明，地方官员的升迁与朝廷重臣的毁誉关系很大。如若不加明察，势必受其蒙蔽，在官员的任用上作出错误决定，让投机钻营者直上青云，使埋头苦干者困处泥涂，并且会对吏治的全局产生误导。

这次"御前会议"震惊朝野，波及邻邦。百官见齐威王动真碰硬，也都心怀戒惧，没人再敢行贿受贿、弄虚作假,说话办事,务尽其诚。齐威王还诏令全国:朝廷大臣、地方官吏或平民百姓,当面、书面或在公共场所指出君主过错的,将得到上中下不等的奖赏。此令一出,前来进谏者络绎不绝,朝廷门口就像市场一样。这一"花钱买批评"的举措,带来的是弊除政清,国威大振,齐国很快走向复兴,成为天下最强诸侯。

大家都说,考察人才,兼听则明,偏信则暗。齐威王开始也在"兼听",可"兼听"的内容却与事实不符。那么,亲眼所见就靠得住吗?那些装潢门面的"形象工程""政绩工程"就是秀给大家看的。因此,考察人才单凭访听与汇报是不够的,还必须建立科学的考评机制。在方法上,把"望、闻、问、切、辨"结合起来;在内容上,把"德、能、勤、绩、廉"统一起来。

郭隗与燕昭王的二重奏

马周脱颖而出,幸得唐太宗李世民慧眼识珠;毛遂自荐成功,多亏平原君赵胜临机补遗。这说明,一个人抱负的伸展,既须自告奋勇,衔玉自售,也须得遇明主,求贤若渴。黄金台的故事,也许更能说明问题。

在今天的河北省定兴县高里乡北章村,有个地名叫台上。据说,这就是当年燕国黄金台的遗址。黄金台并不是用黄金打造的,而是燕昭王为吸引天下英才而建的专用场所,类似于今天的引智基地或猎头中心。黄金台之名得于后世,始见于南朝宋鲍照的诗句:"岂伊白璧赐,将起黄金台。"

说到燕昭王筑台招贤,有个叫郭隗的人不能不提。尽管他当初不过是一个客卿,名望不见得多高,本事不见得多大,但正由于他向燕昭王提出的一个建议,奏响了那个时代的最强音,以至天下为之震动,后世引为佳话。

燕国本非小邦,传到昭王老子手里时,因接班人安排不当发生内乱,险些被齐国所灭。昭王即位后,为让燕国重振雄风,于是就求教于郭隗:燕国地狭人少,南有强齐压迫,北受匈奴侵扰,时时都有亡国危险,有什么好办法能救亡图存吗？郭隗答，有啊，就怕您不能采用。昭王听说有办法，就离开座位恭听。郭隗说，把臣子当老师来敬重，才能成为"帝"；当朋友来相处，才能成为"王"；当宾客来礼遇，才能成为'霸'；那些把臣子当奴才使唤的，差不多都成了亡国之君。昭王问，哪里有值得尊为老师的贤人呢？

接下来，郭隗没有急于提供答案，而是先给昭王讲了"千金买骨"的故事。说古代有位国君，想用千金求购千里马，三年未能如愿。有个近臣说，这事交给我吧。多个月后，他果真找到了一匹好马，可惜那匹马已死，只好以五百金买下马骨回来交差。国君大怒，斥责他不该花那么多钱买匹死马。那个近臣回答说，死马尚且要用五百金，何况活马呢？天下人必然以为国王您有买马的诚意，好马很快就要来了。果然，不出一年时间，就有千里马不断送上门来。讲完这段故事，郭隗借题发挥说，像我这样一个平凡的人，如果被您当作师长敬重，还怕天下士人不闻风而来吗？不如就从我郭隗开始吧！

昭王欣然应允，遂以弟子身份礼拜郭隗，并筑台于易水东南，置千金以招天下之士。这场并非作秀的作秀极为成功，乐毅、邹衍、剧辛等一干拔尖人才竞相归燕。有了这么多高端人才鼎力襄助，昭王如虎添翼，燕国很快富强起来。在与齐国交战中，半年时间连下七十余城，一直打到齐都临淄，几乎占领了齐国全境。昭王去世后，其子惠王不肖，赶走了上将军乐毅，以至燕国由胜转败。

你看，尊重与不尊重人才，结局对比截然不同。昭王修筑黄金台，迎来了燕国的黄金时代；而当黄金台辉煌不再时，燕国也就走向了衰败。此后，燕昭王筑台招贤的史实，成了中国历代尊重人才的最佳范例，也是那些怀才不遇者最缅怀的掌故。李白曾慨叹："君不见昔时燕家重郭隗，拥篲折节无嫌猜。剧辛乐毅感恩分，输肝剖胆效英才。昭王白骨萦蔓草，谁人更扫黄金台？"清初诗人梁佩兰则以告诫的口吻赋诗云："人才难得而易失，人主不可不知之。"

如今看来，郭隗与昭王的合作依然堪称圆满。一个变得尊贵无比起来，一个实现了富国强兵大业。什么叫大智慧？"尊重人才，从我开始"，是郭隗一生中所做的一件智慧具足的大事，利国利民、利人利己，且与黄金台一道流芳百世，又何止是双赢啊！

成吉思汗和他的工匠部队

重视科技人才这件事,似乎是近现代才有的。因为在我国古代,尤其是春秋以降,汉文化传统信守"君子不器",鄙视"奇技淫巧",工匠艺人的社会地位不高。但在1 100年前,有位马背上称雄的伟人,却对工匠艺人有着异常的兴趣。每当征服一片疆域,工匠一个不杀,统统带到大漠,铸造先进武器,教习新式战法,从而使自己的队伍锐不可当,战无不胜。他就是被后世誉为"一代天骄"的元朝奠基者成吉思汗。

成吉思汗旗下究竟网罗了多少工匠艺人,目前尚无确切的数据可考,仅从玉龙杰赤和撒马尔罕两城,他就得到工匠13万余人。有记载说,有个俘虏想活命,可他既不是工匠,也不会蒙语,面对前来查验的军官,就用右手指在左手指上来回拉两下,表示自己会锯木头,蒙军居然收留了他。

你或许会说,工匠能算科技人才吗?在我国古代,虽然没有科技人才的称谓,也不存在高科技这一说,但那些在冶金、铸造、建筑、制陶、纺织、造纸、印刷等行业做出重大发明的古代工匠,即使在今天看来,也是当之无愧的科技专家。诞生于他们手中的那些亭台楼阁、壁垒城墙、江堤河坝、栈道桥梁、舟车辐辏、耒耜犁铧、枪刀剑戟、钟鼎尊彝、锅碗瓢盆等等，哪一项不是科技产品？柳宗元还曾为木匠杨潜作传，谓之《梓人传》，将其类比为丞相一样的人物，认为那些建筑工匠们，专心致志、手巧艺精，且能把握总体布局，谙熟设计要领，讲求曲直方圆，完全可以为辅佐帝王、治理国家的人所效法。商务印书馆曾出版过一部《中国古代的工匠》，说的就是那些古老年代的科技工作者。

　　成吉思汗在草原征战时，单凭骑兵就足以扫平各个部落，但到平原和山地，特别是遇到坚固的城墙和堡垒时，往往束手无策，仅靠弓马娴熟已满足不了战争需要，作战手段必须由纵横驰骋、长驱直入向越岭夺关、攻城拔寨转变，武器装备必须由冷兵器向炮石火器相结合发展。因受大草原地域条件所限，成吉思汗手下最缺的就是能够制造并掌握新式武器的人才。于是，他就到处搜罗工匠，分门别类地收编到自己的队伍中，组建成一支特种部队——"工匠兵"，创建了当时世界一流的新型军队。在这支精干的队伍中，除了骑兵外，还有工兵、弩兵、炮兵、水兵、通信兵等，甚至还有医师、卜师以及翻译各种语言的通事。再配置以抛石机、大弩炮以及火油桶（相当于火焰喷射器）等杀伤力强的武器装备，灵活采取水灌、火攻、挖地道相结合的作战方式，使蒙军如虎添翼，所向披靡。

　　成吉思汗曾问征伐有功的俺木海（另译榜木海）："攻城略地，兵仗何先？"俺木海回答说："攻城以炮石为先，力重而能及远故也。"成吉思汗听后非常高兴，即任命俺木海为炮手。1214年，木华黎伐金，成吉思汗对他说："俺木海言，攻城用炮之策甚善，汝能任之，何城不破。"于是，成吉思汗又任命俺木海为随路炮手达鲁花赤，即炮兵司令，"俺木海选五百余人教习，之后定诸国，多赖其力。"从此，蒙军开始成建制地装备和使用火炮，建立起古代军事史上第一支炮兵部队。除此而外，成吉思汗的新型军队还创下了多个世界之最，如最早的快速通信系统——"箭速传骑"，四千里路只用七天时间；最早的参谋部——"扯必儿"，各路谋略奇才都在这里运筹。金哀宗殉曾感叹说："北兵（蒙古军）所以常取全胜者，恃北方之马力，就中国（中原）之技巧耳。"

在世界战争史上，就军事成就而言，成吉思汗与拿破仑一生都打过60多场大的战役，但一个以完胜收场，一个以失败告终。拿破仑也认为，自己不如成吉思汗，没有他这种好运。麦克阿瑟将军说："如果有关战争的记载都从历史上抹掉，只留下成吉思汗战斗情况的具体记载，且被保存得很好，那么军人将仍然拥有无穷无尽的财富。从那些记载中，军人可以获取有用的知识，塑造一支用于未来战争的军队。那位令人惊异的领袖（成吉思汗）的成功使历史上大多数指挥官的成就黯然失色。"成吉思汗所以能创下震惊天下的奇迹，除了马上民族骁勇善战这一大优势外，还要归功于他在各类技术人才基础上创建的特种部队——"工匠队"。在12世纪初期，生产力和战斗力所以能飞速发展，靠的就是这些工匠艺人的智慧和劳作。毫无疑问，他们就是那个时代当之无愧的科技人才。

下篇　历史应该怎么看

历史应该怎么看

在所有描述女子仪态的诗文中，最传神的莫过于"临去秋波那一转"了。王实甫的这一千古妙喻，比陆龟蒙的"回头总是情"含蓄，也比白居易的"回眸一笑百媚生"耐人寻味。这不仅因为"临去秋波"传达出的眼神富于魅力，更因为"那一转"中隐含着无穷意味：可以是脉脉含情，也可以是幽幽衔怨；可以是恋恋不舍，也可以是殷殷期盼。总之，留给人的是无限遐思和猜想。

历史上那些未解之谜，多半也是这种情形。已经成为过去时的历史，特别是古代史，没有目击者来为我们还原，只能靠或多或少、或详或略的记载来解读。即便是有目击者口述的历史，也会受到一定限制：一是目击者的视野，二是目击者的见识。在法庭上，为什么不同的证人对同一事件会作出同中有异的描述，道理也在于此。刑侦人员在案情分析过程中，判断也会有偏差，意见也会有分歧。只有人证、物证、书证和影音、图像记录相互参照，才能作出接近真实的研判。考古发现和研究的每一次重大突破，不仅能对文字记载的历史作出佐证和补充，也能对其中的出入作出勘误和修正。

历史应该怎么看，是若许年来一直争论不休的问题。

争论的焦点在于历史的客观真实性。我们知道，历史的真相只有一个，但描述历史事件的人却不止一个，回顾并还原历史事件的人就更多了。有秉笔直书的董狐笔法，也有讳莫如深的春秋笔法。于是，同一历史事件就出现了多个记叙版本。面对天上的火烧云，有人看了说像狗，有人看了说像猫，当然也有人看了说像狮子、老虎。有图有真相不错，但因旁观者受自我感知所限，描述出来就另是一番情形了。神经科学专家指出，我们认识的世界其实是脑处理后的世界，所以会产生很多错觉和认知偏差。

美国历史学教授柯文（Paul A. Cohen）在《历史三调》中，以义和团运动为例，对历史是什么、应该怎么看等相关问题，进行过综合探讨，指出义和团的传述来自以下三个途径：一是史学家笔下的义和团运动，以叙事为主；二是直接参与义和团运动的中外各类人物当时的想法、感受和行为，他们对正在发生之事的看法与后来重塑历史的史学家的看法大为不同；三是在民间流传的关于义和团的种种传说。作者认为，就上述三条认识历史的不同途径而言，后两条途径对普通读者具有更大的说服力和影响力。这也说明，在历史事件的解读上，官方和民间是有差异的，前者看重政治因素，后者偏于文化传统。

明代史家王世贞，著有《史乘考误》十一卷，在澄清史实和补充史实方面卓有建树，向为史学界所称道。他在该书引言中，曾对国史、野史、家史做过一番宏观比较，概括出这三类文献的弊端与可取之处："国史人恣而善蔽真，其叙章典、述文献，不可废也。野史人臆而善失真，其征是非、削讳忌，不可废也。家史人腴而善溢真，其赞宗阀、表官绩，不可废也。"王世贞认为，只有弄清楚每类史籍的优劣，并加以综合分析，才能弄清历史的真相。为此，他对国史中关于傅友德、王弼、冯胜诸臣"暴卒"的记载，作了详细考证，指出这些所谓"暴卒"的人，其实是被朱元璋赐死的。这样的例子，在王世贞的史学著述中还有很多。

某大学尔雅通识课在《西方文化名著导读》的期末考试中，曾出过这样一道单选题：对历史文本说法正确的是哪一项？试卷给出了四个可选答案：A. 历史文本可以是纯粹客观的；B. 历史文本对同一事件的不同历史细节的选取可能会表达出十分不同的观点；C. 通过历史文本历史学家可以完全重构历史；D. 历史文本可以完全避免主观因素的影响。逐一分析起来，答案 A 在"客观"前冠以副词"纯粹"，答案 C 在"重构历史"前冠以副词"完全"，答案 D 在"避免主观因素的影响"前也冠以副词"完全"，显然都是不可能的。排除过后，正确答案只能是 B。

"历史是个任人打扮的小姑娘"这句话，让胡适背了几十年的黑锅。其实，这话也不是一点道理都没有。那些写历史的人，尽管并非存心粉饰历史，但在力求客观的同时，也难免会有所选择和取舍，难免会掺杂个人见识。作为春秋笔法，为尊者讳，为亲者讳，为贤者讳，不仅是孔子的个人行为，更是历代史官普遍尊奉的一个原则。有鉴于此，我们在读史过程中，既不要被"临去秋波那一转"所蒙蔽，只见妩媚，不识幽怨，陷入片面性和理想主义，也不要被"临去秋波那一转"所迷惑，一片混沌，无从辨析，陷入不可知论和虚无主义。

将历史看作镜子

为能照见自己的形象,以便正衣冠、端形体、美姿容,人类发明了镜鉴。镜与鉴,都有观照的意思,又都以金为偏旁部首,是因它们同为金属制品。在玻璃尚未开发出成像功能之前,我们的先人曾经历过以清水为镜、以瓦石为镜、以铸铜为镜三个阶段。用铜铸成大盆,盛水以照人,称作鉴。《红楼梦》中提到的那个"风月宝鉴",不过是一面被妖魔化了的铜镜而已。因为镜子具有参详对照功能,所以古人常常用它说事。东汉荀悦提出君子有三鉴:"鉴乎古,鉴乎人,鉴乎镜。"到了唐太宗那里,这三鉴又有了新发展,所谓"以铜为鉴,可正衣冠;以古为鉴,可知兴替;以人为鉴,可明得失"。自此而后,将历史看作镜子,几乎成了我们读史的常识。

过去国人之启蒙,与西方有很大的不同,基本上不是始于童话而是史话。过去的孩子,从父母那里听到的大多是益智的历史故事,而很少是甜蜜如梦的童话;私塾的蒙训教材中,大约也是没有童话的。一部《三字经》,通篇开列的尽是历史故事。至于成语辞典中又有多少历史典故,更是数也数不清。即便是连环画,也有不少是描绘历史故事的。难怪有人把中国人与犹太人并列为两个最重视历史的民族。

实际上,中国人重视历史的程度,是远超其他民族的。直到今天,这种现象仍然保持着一定的热度。只要看看影院的海报、荧屏的预告、书店的货架,再到大学或社区里听听那些叫座的名家讲座,你就会明白此言非虚。央视的《百家讲坛》一度那么火,并出现了像易中天、纪连海等一批有粉丝追捧的"明星学者""学术超男",多多少少也与说古有关。

为何会产生这种现象并一直延续至今?这与我们看待历史的态度有关。通俗一点说,是因为历史对我们有用。一部人类发展史,其中确实有我们值得遵循的规律和值得借鉴的经验。作为先人经验教训的总汇,历史就像镜子一样,可以鉴往知来,观古明今。其中,经验可以用来参照效仿,不必再耗尝试的精力;教训能够用来规避风险,不必再犯过去的错误。口头上抑或是书面中,人们之所以每每提及"古话说得好",就是以古训为规范,用来警示自己,晓谕别人。把历史看作镜子,从而知荣辱、端品行、明是非、看得失、论成败的做法,凸显出中国人读史的功利性。

值得注意的是,这种功利性取向的产生,很大程度上是因为整个国家都看重历史。由于历史关系到整个民族文化的传承和弘扬,编史、修史便不再是个体行为,而是立国之大事。以至于从很早开始,国家就设置专门的机构和史官进行操控和管理。信而有征的历史记载可上溯到春秋,大胆一点推断，可能始于商周。这也充分说明，历史的重要性在中国，于数千年前就已经上升到公共建设的层面了。官方的重视程度如此，民间对读史、学史的热情就可想而知了。

借助历史这面镜子，广阅历、长见识、增智慧，乃至知人论世，并不是一件坏事。但是，借鉴历史果真像日常生活照镜子那么简单灵便吗？恐怕未必尽然。

首先，历史演变不同于科学实验。在实验室里，除非操控发生误差，重复相同的条件便可以得出相同的实验数据。在历史的长河中，相同时空条件下的不同事件可能产生相似的结果，不同时空情境里的相似行为也可能得出完全不同的结论。这说明，历史不是数理化给定的公式，既不可能完全拿来解释现实问题，也不可能完全拿来解决现实问题。历史这面镜子中的影像大多已经定格，而现实社会正处于不停的流变中，每天都有可能产生新的事物。我们如果唯史不唯实，凡事都从历史中找答案，奉历史结论为圭臬，照搬照套，甚至削足适履，势必会陷入教条主义的误区，背上经验主义的包袱，导致思想禁锢和僵化，改革创新也就无从谈起。

其次，历史图像不同于平面投影。譬如，在宋史中，打败仗、丢土地、赔银两几乎成了家常便饭，读过之后，满眼尽是屈辱和悲愤，最伤民族自尊。但正是在这样一个积弱不振的朝代，市井发达，文化繁荣，老百姓的生活相当平静和富庶，诗化的人文生态更是令人神往。别的无须铺陈，仅看孟元老在《东京梦华录》序中那不到600字的描绘，就足以让我们领略到宋人的生活是多么滋润，以至于有人大呼："我愿生活在宋朝！"一部宋史，如同《红楼梦》中的"风月宝鉴"，可以说是忧患与闲适并存，衰微与辉煌同在。面对这样的历史画卷，我们又该如何去反思，如何去借鉴呢？

再者，也不是所有史实都能用来作镜子。在浩繁的历史卷帙中，常常是真相与伪诈、精华与糟粕、真理与谬误混杂在一起。对普通读史者来说，不可能披沙拣金，一一辨识考证。过多的经验，有取用不竭的好处，也有不知所从的抵牾。弄得不好，就会陷入迷宫，左右为难，甚至掉进陷阱，上当受骗。这情形，有点像服用滋补药品，在吸取营养的同时，还要警惕其毒副作用。作为经验教训的历史，即便是经过前人的去芜存菁，那也是通过文字语言的化简和提炼才传到我们手中的，要感同身受地加以体认和转换，并不是一件简单的事。如果不能完成这一转换，历史还只是过目的"知识"，谈不上有用的"经验"。更何况在鉴往知来、观古明今之间，还有一个由此及彼的逻辑通道，这个通道也不是随随便便就能逾越的，只有通过缜密的思维和推理，才能拉近两者之间的距离。通俗一点说，拿过去的钥匙解现在的锁、开未来的门，不是不可为，而是不易为。

清代吴若华在《新磨古镜》中吟道："阅古兴亡疑有眼，辨人好丑总有声。玉台妆罢时时拂，莫使浮尘又暗生。"这首诗作，借"妆罢时拂镜"劝诫世人不要让浮尘遮蔽了自己视线，其用意是好的，但无论修史、治史还是教史、读史，完全抱着实用主义的态度，就恐非所宜了。在博大精深的历史遗产面前，学以致用，引以为鉴，只是读史的一个方面，并不是全部意义。在不经意中享受乐趣，在无意识中营养身心，未必不是一种优雅的读史态度。

司马光的德才观

"三家分晋"之前,晋国的智、韩、赵、魏四大世族,智氏的势力最大。执掌晋国大权的正卿智瑶即智襄子,野心勃勃,亟欲吞并韩、赵、魏三氏一家独大。可到后来,反被韩、赵、魏联手所灭,其教训一直为后人引为鉴戒。

智瑶虽然不是长子,但长相帅气,武艺高强,技能超群,且能文善辩,果敢刚毅,深得其父智宣子喜爱,于是便在家族会上拟议为接班人,不料却遭到了族人智果的坚决反对。智果说,智瑶尽管有上述五项长处,可他很不厚道。若以其之长压服别人而以不仁行事,谁能与其相处?要是立他为继承人,智氏宗族必亡!智宣子不听劝告,仍坚持立瑶为嗣卿。无奈,智果只好到太史那里申请,脱离智氏宗族,另立为辅氏,以求保全。

后来发生的事正如智果所料,智瑶兵败被杀,智氏全族灭门,唯辅果(智果)得以幸免。司马光从中得出教训说,智瑶的灭亡,在于才胜于德。并指出,才与德是两个不同的概念,而世俗之人分不清,统称为贤,于是就看错了人。耳聪目明、坚强刚毅称为才;品行正直、公道平和叫作德。才是德之资;德为才之帅。接下来,他又将人才分为四类：德才兼备曰圣人，无德无才曰愚人，德胜于才曰君子，才胜于德曰小人。司马光认为，如果找不到圣人、君子而任用，与其得到小人，不如得到愚人。为什么这样说呢？君子之才会用来行善；小人之才会用来作恶。以才行善者能处处行善；以才作恶者就无恶不作了。愚人即便想作恶，也没那么大本事。小人才高足以行奸，胆大足以施暴，如同恶虎添翼，其危害岂不更大！这世上，圣人难求，君子难得，在只有愚人和小人可供选择的情况下，宁用愚人不用小人，即使不能成事，也不至于坏事。有德者人之所敬；有才者人之所爱。爱者易亲；敬者易疏。所以察人者多被才干所蒙蔽，而失察于德。自古以来的乱国之臣、败家之子，才有余而德不足，以致家破国亡的多了，岂独智瑶呢！所以治国齐家者，若明才德之别且知轻重先后，又怎么会有看错人的后患呢？

应该说，司马光的论辩是精辟的，在一定的社会历史条件下具有经验意义。特别是在儒家思想占主导地位的社会形态下，德之于人，备受看重。总而言之，无德难以立身，无德难以处世，无德难以服众，无德难以齐家治国。在司马光看来，才有余而德不足者一旦大权在握，就会祸国殃民。就是说，才能如同一把剑，倘若掌握在恶人手中，其锋愈锐，其害愈甚。智瑶的祸患只是毁门灭族，而为人主者才胜于德，葬送的就是大好江山了。被誉为"千古词帝"的南唐后主李煜，德轻志懦，纵情声色，成了一代亡国之君；以开凿大运河闻名的隋炀帝杨广，雄才大略，文采斐然，终因荒淫无道而致隋朝二世而亡；书画双绝的宋徽宗赵佶，奢靡无度，不理朝政，落得个国破家亡人被辱的凄惨下场；聪明绝顶的明武宗朱厚照，恣意妄为，怪诞暴戾，荒淫无耻，壮年而逝，竟至于后继无人。即便在当今，因道德底线崩溃而作奸犯科者并不鲜见。来自法制记者的调查分析表明，在服刑的犯人和落马的贪官中，高智商者比例突出。他们中，有不少都是极具天赋的能人。

司马光的德才观对后世影响很大，问题是他对人才的分类过于笼统，也有些绝对化了。以其四类分划为前提，察人就会失之粗略，用人就会失之偏狭，且缺乏可操作性。除了圣人和君子，难道只有愚人和小人吗？在社会现实中，除非先天弱智、生性痴顽，无才无德者极少，才疏德薄者却寻常可见，把他们划为哪一类呢？才胜于德并非无德，德行一般、才能出众，就都是小人吗？凡事都不能孤立地看，更不能绝对化。司马光的德才观，有他的道理，但非亘古不变的铁律，亦非普世共守的法则。在封建制度下，由历史潮流的大势所趋使然，得天下的开国之君，不乏才胜于德的枭雄，如汉高祖刘邦，其品行向来为人诟病；失天下的末代皇帝，也不乏德胜于才的明君，如明思宗朱由检，其节操历来为人称道。青史留名的将相中，也不乏才胜于德的能臣良将，管仲、李斯、苏秦、张仪等都是成大事者，但他们的品行却让人不敢恭维。战国时的吴起，为了求官拜将，曾杀死过三十多个嘲笑他的乡邻，母亲病逝也不回家奔丧，为取得鲁国国君的信任，竟杀死身为齐人的妻子。这样的德行不是一般的有亏，可他的历史功绩却极为卓越。

这也说明，用人的标准也是因时势而异的。乱世与太平，开创与守成，对人才结构的需求并不相同。在争霸天下的杀伐中，德行尽管也很重要，但与才干相比退居次位。任用无德之人，至多会招致非议，而任用无才之人，说不定连老本都会输光。在这种特定的情势下，"与其得小人，不若得愚人"之说岂不迂腐？三国时，曹操唯才是举，认为"夫有行之士未必能进取，进取之士未必有行也"；"若必廉士而后可用，则齐桓何以成霸世？"听起来是反问，其实是反驳。曹操一向不苛求道德完人，只要擅长用兵，能打胜仗，不管你来自何方，有什么劣迹，一概收服，所以麾下能人济济。刘邦就更不用说了，他的手下，既有圣人如张良者，又有君子如萧何、曹参等，韩信贪、英布反、陈平"盗嫂受金"，统统照用不误。任用才高德薄之人，尽管有败事的风险，但若统驭得法，就能遏制其害，发挥其正能量以成大事。有鉴于此，现今有人总结说：有德有才，破格重用；有才无德，限制使用；有德无才，择岗录用；无德无才，坚决不用。

孔子憎恶伪善人

子贡问孔子，乡人都喜欢他，这个人怎么样？孔子答，这还不能肯定。子贡又问，乡人都厌恶他，这个人怎么样？孔子说，这也不能肯定。你说的这两种情况，不如乡里的好人都喜欢他，乡里的坏人都厌恶他。孔子认为，对"众恶之"或"众好之"的人，都要进一步考察，方能下结论。

孔子把人品鉴定为三种类型。一曰"乡愿"，即伪善人；二曰"中行"，即合乎中庸之道者；三曰"狂狷"，狂者进取，狷者有所不为。按此归类，众好之者，有可能是伪善人，就是孔子痛恨的"乡愿"。所谓"乡愿"，按字面解释，就是一乡之人皆称愿者，其实质是，掩藏自己本意而博取他人欢心的人。孔子将"乡愿"视为"德之贼"，坚决与之划清界限："过我门而不入我室，我不憾焉者，其惟乡愿乎！"并且说："不得中行而与之，必也狂狷乎。"实在没得到中行之士结交，退而求其次则要与狂狷之士交往。

"众恶之"也好，"众好之"也好，均可视为口碑。从孔子与其弟子的谈话中不难看出，仅凭口碑识人是远远不够的，因为口碑也有可能忽悠人。就是说，口碑也要深入考察分析，不能因为众口一词就无条件相信。因为一个人的名声再好,也不可能百分之百好评,完美无缺只是盛赞;一个人的名声再坏,也不可能百分之百差评,恶贯满盈只是痛贬。既然如此,为何还会出现"众好之"或"众恶之"的现象呢?舆论一边倒,有说者方面的原因,也有听者方面的原因。

在说者方面,他们虽然是一群人,但也是由各类人组成的。其中有正义感强的,也有私心杂念重的;有胆大好事的,也有胆小怕事的;有固执己见的,也有随声附和的;有不问来头的,也有见机行事的;等等。总之,凡有人群的地方就有左中右,既有善人、恶人,也有老好人。假若被评价的对象说话办事敢担当,向来不怕得罪人,就应该是善人说他好,恶人说他坏。如果恶人也说他好,这个人要么是个道行极高的强人,要么是个德行超卓的圣人,对手也敬他。假若被评价的对象说话办事不靠谱,拉帮结伙为非作歹,就应该是善人说他坏,恶人说他好。如果善人也说他好,这个人要么是个横行乡里的劣绅,要么是个心狠手辣的恶霸,人们怕报复,惹不起他。

在听者方面,考察、征集民意和转达民意的人,如果动机不纯,心术不正,事前已经被贿赂,被收买,被蒙蔽,不仅听不到真实的声音,而且还会谎报民意,甚至强奸民意。齐威王若不是另外派员微服私访,而是听信身边人的忽悠,即墨大夫就成了"众恶之",阿大夫反倒成了"众好之",他们的命运就会截然相反。有鉴于此,我们在听到"众恶之"或"众好之"的传言后,必须问个为什么,并深入考察,认真核实。在古代,民意问题是概略的,只能通过口碑来反映，很少听说有量化的。现代就不同了，可以通过记名或无记名投票来解决。那么，是不是得票多就是最佳人选呢？恐怕也不尽然。当年若在秦廷给商鞅测评，在宋廷给王安石打分，这两人的得票估计连半数都过不了。某地换届选举，满票的候选人竟然是刚调来不久的生面孔。具体到一个单位，得票多的往往也是谁都不得罪的"友好人士"，那些坚持原则有魄力，又不注意经营"人缘"的干部，肯定要往后排了。

文侯选相问李克

战国时期的魏文侯,姬姓魏氏,名斯。他礼拜子夏、段干木、田子方为师,任用李克、吴起、翟璜、魏成、乐羊等一批贤能之士,使魏国一跃成为中原最强诸侯国。司马迁在《史记》中给我们讲了一段魏文侯选相问李克的故事。

魏文侯对李克说:"先生曾教导我'家贫思贤妻,国乱思良相'。如今这宰相人选,在成子和翟璜之间,您看应如何选择?"李克回答:"我听说地位低的人不参与尊长的事,外人不过问亲戚的事。我在朝外任职,不敢应命。"

李克这样回答,是因为地位低的人为地位高的人出主意,会被人讥笑为不自量力;关系疏远的人为关系亲近的人出主意,会被人怀疑有离间之嫌。再说,这二选一的命题不好做,回答即使正中文侯下怀,也会得罪另一个人选。况且,成子还是文侯的弟弟。

魏文侯说,先生遇事不要推辞。李克回答说,您拿不定主意,是因为平时不注意观察。看一个人,可以"居视其所亲,富视其所与,达视其所举,穷视其所不为,贫视其所不取"。有这五条,就足以判定人品,何必等我指明呢？文侯听罢心里有数了，就说，先生请回府吧，我的国相已经选定了。

除《史记》外，《说苑》《韩诗外传》和《资治通鉴》等古籍也都曾记载这个故事。李克是魏国著名政治家、法学家，曾辅助魏文侯推行变法，使魏国走上富强之路，受到时人和后人的高度赞许。李克在辨识人才方面也有独到之处，他提出的这"五看"鉴才之法，在今天仍然适用。

"居视其所亲"，就是说，居家时要看他都与哪些人交往。一个人平常的交际圈如何，也许不能说明全部问题，但却能反映一个人的志趣和品位。有道是"物以类聚，人以群分"，"近朱者赤，近墨者黑"。一个亲小人远君子的人，你能相信他心胸坦荡、光明磊落吗？一个混迹于白道黑道之中声色犬马样样来的人，你能相信他会"出淤泥而不染"吗？

"富视其所与"，就是说，富贵时要看他如何支配自己的财富，腰缠万贯不是坏事，关键看你把钱财用在什么地方。一个人有了钱，倘能资助公益建设，热心慈善事业，接济穷困百姓，其品行是值得信赖的。倘若骄奢淫逸，挥霍无度，满足一己之私欲，这样的人怎么可能成为社稷之栋梁、天下之楷模？

"达视其所举"，就是说，显达时要看他举荐的都是什么人。一个人居于高位之后，看重、举荐什么样的人，能反映出他选人的眼光和层次，也能反映出他从政的风格和导向。

"穷视其所不为"，就是说，困境时要看他不做什么。

顺境中坚持操守不易，逆境中坚持操守更难。当一个人处在穷途末路时，最能看出他的品性和尊严。倘能坚持原则，自律不苟，洁身自好，不做出卖良心的事，不做损人利己的事，不做有辱人格的事，则可重用。倘若不顾尊严，不择手段，无所不用其极，则不可用。

"贫视其所不取"，就是说，贫贱时要看他不要什么。贫寒时能否守得住清贫，经得起诱惑，稳得住心神，同样是考验一个人意志和品行的重要标准。意志坚强、品行高洁者，方能做到不贪不义之财，不受嗟来之食；而意志薄弱者，必然会被权钱色等糖衣裹着的炮弹所击中。

总之，李克的"五看"鉴才法虽然简单却极其深刻，具体而容易掌握。运用"五看"鉴才法足以了解一个人的品德、操守、志向、价值观等内涵。

扁鹊论医不唯名

在中华医学史上，扁鹊的名气很大，即便在民间也有很高的知名度，被誉为能够起死回生的神医。可当年谈起医术来，他却说自己不如两位哥哥。

据《鹖冠子·卷下》世贤第十六记载，一次，魏文王问扁鹊，你们兄弟三人哪位医术最好？扁鹊答，大哥最好，二哥次之，我最差。文王心想，明明你最出名，怎么会是最差呢？于是又问，能说来听听吗？扁鹊答，大哥能从神色上发现症兆，没等病灶形成就根除了，所以他的名气只是家里人知道；二哥治病于初发之时，症状还不明显就治愈了，所以他的名气只是乡里人知道；而我扁鹊呢，治病救人于垂危之时，在经脉上扎针放血，在肌肤上敷以猛药，所以闻名于诸侯。

"扁鹊答文王问"这一典故，像寓言故事，也有点像禅宗公案，意在给人以觉悟的开示。从这段对话中我们可以看出，扁鹊兄弟三人的医术都很高明，只不过是术业有专攻、擅长各不同罢了。他们之间的差别不在医术优劣，而在名气大小。扁鹊的这番说辞，是想说明一个道理：有些本事容易出名，有些本事不易出名；有名气的人本事不一定就大，没名气的人本事不一定就小。就是说，一个人本事的高下与名气的大小未必就是对称的恒等式。战国时期的隐士子慕，也曾发表过同样的见解。他说，良医治病于未发，明君防乱于将生，庸医昏君疏忽于杜绝兆萌，勤快于病乱已成，所以先谋之臣少有嘉赏，救难之士常获荣宠。

由于人们的秉性、经历和从业性质的不同，有些人能够很快出道且声名显赫，有些人则注定要默默无闻。比如，有些人择业对路、机缘巧合，成名较快；有些人用非所能、用非所愿，才能和抱负难以施展。又如，那些担负见效快的短线项目工作者，容易出成果，"一朝成名天下知"；而那些从事基础科研、冷门项目、边缘学科的人，大多与名利无缘，"十年磨剑无人识"。再如，从事前台一线工作或在领导身边工作的人，出镜率高，往往是"近水楼台先得月"；而那些在隐蔽战线、后台服务或边远地区任职的人，出头露面机会少，通常是"养在深闺人未识"。还有那些歌舞台前放异彩、竞技场上夺金牌的文体明星，他们奋力拼搏固然辛苦，但若无幕后那些老师、教练、陪练以及相关服务人员的默默奉献，这一切又从何谈起呢？那些人虽名气不大，人气不高，但不代表他们没本事，他们的本事就是燃烧自己，照亮他人，就是授以成功之钥，开启未来之门，让新秀们出人头地。

名气与本事的不等式告诉我们，有名皆从无名来，更有无名胜有名。因此，我们在欣赏那些"向阳花木"

时，还要关注那些"绿茵小草"；在追捧那些风光无限的热点名流时，还要把更多的眼光投向那些甘坐冷板凳的人；在宣扬和赞美那些名动天下的人物时，不应忽略了那些潜心打基础、甘愿做人梯的无名英雄，他们虽然没有名气，但对社会作出的无私贡献却同样值得万众景仰与铭记。

穰苴辕门斩庄贾

齐景公时,晋国的军队打到了齐国的阿城和甄城,燕国的军队又扫向了齐国黄河以南的领土,齐军大败。这让齐景公忧心忡忡。关键时刻,晏婴向景公推荐了一个叫穰苴的人。晏婴说,穰苴文能服众,武能慑敌,请国君用他试试。于是,景公召见了穰苴,听他谈论退敌之策,非常喜欢,便任命他为将军,领兵抗击晋燕军队。穰苴说,为臣出身卑微,国君把我从平民中提拔上来,置于大夫之上,士兵未必会服从,百姓也不会信任我。人的资历浅,权力和威信就会打折,须请一位国君宠信、国家尊重的大臣来做监军才行。景公答应了穰苴的请求,令庄贾担当此任。穰苴告辞后与庄贾约定:明天正午在营门会齐。第二天,穰苴先行来到营门,立起计时标尺和漏壶,等候庄贾。

庄贾一向骄横贵显,以为统领的是自己的部队,自己又是监军,就不怎么着急。亲友和部下为他饯行,留他喝酒。正午已到,庄贾还没来。穰苴就推倒标尺,放空漏壶,进入营地,巡视三军,整顿队伍,申明号令。部署完毕已是日暮,庄贾才到。穰苴问,为何迟于约定时间这么久才来?庄贾抱歉说,亲友和部下为我送行,所以耽搁了。穰苴说，身为将领，受命之日就应忘掉家庭；军规在身就应忘掉亲友；战鼓擂响就应忘掉生死。如今大敌当前，国内动荡不安，士兵暴露于境，国君寝食不宁，百姓生命都维系在你身上，还谈什么饯行啊！于是把军中执法官叫来问道：对违约迟到、贻误军机者，军法如何处置？回答说，当斩。庄贾害怕了，派人飞马报告景公，请求搭救。送信的人走后，还没来得及返回，庄贾就被斩首辕门，巡行示众，全军将士受到很大震动。过了好一会儿，景公派出的使者才驾车急驰军营，手持符节来赦庄贾。穰苴说，将在军中，君令有所不受。接着问执法官，有人驾车闯军营，军法如何处置？回答说，当斩。使者吓坏了。穰苴又说，国君的使者是不可以杀的。于是就斩了使者的仆从，除掉车左边的𫐐木和马匹，警示三军。然后让使者回去报告，军队开拔。在士兵们安营扎寨的过程中，穰苴关心他们的生活，体恤他们的疾苦，与他们同甘共苦。经过重新整训过的部队，斗志昂扬，争先奋勇。晋国得知这个消息，就把军队撤回去了；燕国得知这个消息，也把军队撤到黄河以北。穰苴率领齐军趁势收复了所有失地，然后凯旋。齐国君臣都到城郊迎接，慰劳全体将士。景公非但没有怪罪穰苴，还拜他为大司马。

司马迁关于穰苴立威斩庄贾的记述，很容易让我们联想到另外两个著名典故。一是孙武奉吴王之命训练女兵，为严肃军纪，强化执行力，毫不留情地斩了吴王的宠姬；二是商鞅为了确立变法的公信力，言出必行，南门立木，北门赏金。穰苴也好，孙武也好，商鞅也好，他们所以能够成功，固然基于个人的才干，但如果缺乏国君的信任和支持，恐怕也难以为继。这些故事除了告诉我们"人无信不立，令无威不行"外，还在用人之道上给我们以深刻的启迪。不论是一个国家还是一个团队，于重要岗位上起用新人不仅需要放胆，而且需要放手。那些起点低、资历浅、破格提拔上来的干部，没有背景，没有根基，即使学识渊博，才智非凡，也需要一个服众的过程，需要一个展示的机会，需要一个发力的支点，才能站稳脚跟，挥洒自如。作为上级领导和用人部门，虽然不应人为地帮他们树立威信，但却应当通过高度信任、充分授权，为他们打开工作局面，营造理性而又宽松的环境。

朱轼微言救直臣

爱才之心人皆有之,护才之胆却不是人人具备的。爱才,只是一种单向、内在、情绪化的心理感受,而护才必须有胆有识,付诸行动。所以说,爱才容易护才难。

在我国古代人才史上,爱才护才的佳话不胜枚举。如,鲍叔牙将跟错了人、站错了队、打入囚车待处决的管仲推荐给齐桓公,让这个差点要了桓公性命的仇人成为齐国上卿,从此辅佐齐桓公创立了春秋第一霸业。再如,韩信当年弃楚归汉,起初只是个管仓库的小官,后因犯法,依律当斩。若不是夏侯婴刀下留人,推荐给萧何,就不会有月下追韩信的美谈,其千秋功业就更无从谈起了。

"刀下留人"之说近似传奇,说起来容易做起来难,更难的是龙颜大怒时,"伴君如伴虎"的大臣"虎口救人"。雍正即位之初,曾让所有的大臣都要拿出治国安邦的良策上奏。翰林院检讨孙嘉淦在奏疏中提出了三项建议:请亲骨肉、停捐纳、罢西兵。其中,"请亲骨肉"一条,显然是针对雍正上台后分化瓦解诸皇子集团的做法,意在批评雍正兄弟相残。雍正看了颇为不快,就召集大臣们传阅,并愤愤地说:"翰林院乃容此狂生耶?"面对皇上的严词斥问,满朝文武诚惶诚恐,只有文华殿大学士朱轼慢吞吞地说,"嘉淦确实有些狂妄,但臣却佩服他的胆量。"雍正沉默良久,笑着说,"朕也同样佩服他的胆量。"朱轼不愧为"帝师元老",片言就把孙嘉淦从卷铺盖甚至掉脑袋的危机中解救出来。

孙嘉淦曾在康熙朝为官九年,一直没有什么起色。这件事的发生,让他一夜之间声名鹊起。从此,孙嘉淦尽管偶遇坎坷却无大碍,出将入相,仕途平坦,在朝曾任左都御史,刑部、吏部、工部尚书,官至翰林院掌院学士、协办大学士,功业卓然,且著述甚丰,去世后得赐谥号文定。

乾隆登基后,孙嘉淦"故伎重演",锋芒毕露地给新主子上了一堂警示课,这就是被后世誉为"大清第一名疏"的《三习一弊疏》。奏疏全文约两千言,大意是说,当皇帝的,耳朵听惯了好话,就会喜欢奉承而厌恶直言;眼睛看惯了媚态,就会喜欢阴柔而厌恶阳刚;头脑习惯了自以为是,就会喜欢顺从而厌恶违逆。这三种习惯形成后就会产生一大弊病:亲小人而远君子。好在乾隆帝对这些逆耳之言不以为忤,当朝作了宣示,还给孙嘉淦加封了官职。《三习一弊疏》立意与文辞俱佳,作为从政修养,至今仍有借鉴意义。

话又说回来,像孙嘉淦这样一位正直廉明的社稷之臣,当年若不是朱轼一句话担保下来,其生命在雍正朝就可能戛然而止,哪里还有后来的丰功伟绩?朱轼年长孙嘉淦一十八岁,同样历仕康雍乾三朝,廉洁俭朴,刚正不阿,广施惠政,备受世人称颂。官至太子太傅文华殿大学士,兼吏兵二部尚书，为乾隆帝师。居官期间，从政有方，治吏有据，善育英才，不但培养出了乾隆这样的文武兼备的一代明君，而且在振文风、严科举、兴办各类书院、选拔优秀人才等方面也作出了巨大贡献。

自古而今，大凡有点棱角的人才，往往会被上司所憎厌，被同僚所排挤，所谓"耿直讨人嫌"。如果缺乏宽松的人际环境，其话语权就会被剥夺，其生存和发展也会受限。即便在今天相对宽松的开明环境中，在一些总裁制企业的高层会议上，由于没有完全克服"一把手"政治所固有的局限性，也很难发出有见地的异响，更难听到对高层主管的尖锐批评，有个性、有创见的人才也就不大可能脱颖而出。因此，加强用人制度的民主与法制建设，使人才保护走向常态，关键的问题在于：不要让"千人之诺诺"掩盖了"一士之谔谔"，不要让明面上的"一致认为"淹没了潜在的不同声音，不要让正直敢言人士因势单力薄被封杀。

邹忌之忌在田忌

邹忌与田忌，是战国时期并存的齐国要人。早在中学读书时，我们就从典故中熟悉了这两个人的大名。《邹忌讽齐王纳谏》让我们知道了邹忌是个口才极佳的良相，《田忌赛马》让我们知道了田忌是个善于用人的大将。他俩都是齐国拔尖的人物，也都为齐国立下过功勋。

邹忌身材修长，容貌俊逸，虽然比不上城北徐公，但仍不失为一个大帅哥、美男子。他历仕桓公、威王和宣王三朝，既能劝导国君纳谏从善，又能举荐能臣坚守四境，主张革新，修订法律，使齐国逐渐强盛起来，资历不谓不深，能力不谓不强，史书评价他秀外慧中，华而有德，颇有君子风范。可当我完整地读完《战国策·齐策》后发现，历史上的邹忌远没有中学课文描述得那么完美，令人意想不到的是，他心胸狭隘，嫉贤妒能，为了排挤构陷田忌，竟然无所不用其极。

齐国名将田忌，非常赏识孙膑的韬略，在他鼎力举荐下，齐威王纳孙膑为军师。从此，以田忌为将领、孙膑为军师的齐军，在桂陵之战、马陵之战中大获全胜，"围魏救赵""减灶退敌"也被后世誉为经典兵法。可是，很少有人知道，促成这两次战役的幕后推手却是邹忌。

作为相国并被封为成侯的邹忌，心中容不下田忌，总想除之而后快。门客公孙闬向邹忌献计说，何不奏请齐王攻打魏国呢？赢了，出谋划策之功就会记在你的名下；输了，出师不利之过则归咎田忌。在强大的魏军面前，田忌即使不阵亡，也会因战败被处死。邹忌以为此计很妙，就去策动齐王派田忌为将率军伐魏。出乎邹忌意料的是，田忌在孙膑的参谋下，不仅没有落败，而且三战皆捷，齐国从此强盛起来，称王天下。

邹忌急忙又找公孙闬商量对策。公孙闬就派人带着重金到市上问卜，并自我介绍道："我是田将军臣属，如今将军名震天下，现在欲图大事，不知吉凶如何？"随后，公孙闬又派人把算卦的带到齐王面前对证。转瞬间，田忌便由战功卓著的功臣，变成了居功谋反的叛将。诽谤性行为的杀伤力往往是致命的，人世间很少有人能免受其害。因为有了奸诈小人，视听可以混淆，事实可以扭曲，战功可以肇祸。对邹忌的险恶用心，孙膑看得很透彻。马陵战后，他曾劝告田忌不要解除武装，镇守军事要冲，兵谏齐王以正视听，驱逐邹忌。否则，被逐的就是田忌自己。田忌没能听从孙膑建议，回不了齐国，只好逃亡楚国。这样，邹忌就把齐国的军政大权揽于一握。

邹忌视田忌为心腹大患，逼走田忌后仍不放心，恐他日后借助楚国的势力卷土重来、东山再起，就派说客到楚国去，说服楚王把江南封给了田忌，从而断了田忌的归路。邹忌的行为，使齐国流失了军事将才，且加剧了统治集团的内部矛盾，齐国开始走向下坡路。齐宣王即位后，田忌奉召回国复职，然而毕竟年事已高，不可能再发挥什么大的作用了。

战国时代，相与将是诸侯国最高的文武官员。将相和睦相处则国势强，将相妒忌相克则国势衰。廉颇和蔺相如也曾闹过不愉快，但蔺相如胸怀宽广，最终化解了情感危机，"负荆请罪"的佳话流传千古。比起蔺相如来，邹忌显然差得远了。

刘彻何以怕汲黯

说封建王朝的君臣关系是猫鼠关系，恐怕没有什么异议。正因为如此，一旦遇上"猫怕老鼠"的特例，说法就多了。历史上，君王怕臣子的情形虽不多见，但也并非绝无仅有，如，熊赀之于保申、孙权之于张昭、李世民之于魏征、李隆基之于韩休、赵祯之于包拯、朱厚熜之于海瑞等。其中，最典型也最微妙的莫过于汉武帝刘彻与汲黯的关系。

从司马迁的评述来看，汲黯大约属于那种冷峻刻薄的人物，为人庄重耿直不合群，为政秉公直言不盲从，行事风格也异于常人。古代的谏官，大多以讽谏闻名，也以讽谏取胜。他们进谏时，通常先要铺垫一下，或者是打个比方、讲个故事，或者是打个哑谜、说个悬案，还有的就像邹忌那样，事先带上琴弦之类的"道具"，先跟国君玩一会儿捉迷藏，待君王省悟了，再说正事。汲黯根本就不屑兜圈子，也不费那个神，往往是口没遮拦直奔主题，唇枪舌剑火药味甚浓。有人将汲黯比作"愤青"，新潮固然新潮，总感觉有些牵强。就像宋人称王安石为"拗相公"一样，说汲黯是"一根筋""炮筒子"倒比较贴切。一次，汉武帝召集群儒大谈明君之道，说我想要怎样怎样。汲黯顶嘴说，陛下内心欲望很多，外表装出仁义的样子，怎么能效法唐尧虞舜之治呢！把皇上噎得半天无语，脸色一变就罢朝了。朝臣们都为汲黯捏着一把汗，这事如果换了别人，非掉脑袋不可！可是退朝后，皇上还真没把汲黯怎么样，只是对近臣愤愤地说，太过分了，汲黯真是戆得很！

汉武帝素以专横霸道闻名，修理起大臣来毫不手软。他手下的宰相换了一茬又一茬，十余任中，仅公孙弘得以善终。因此有人说，在武帝一朝，宰相成了"被宰之相"。汉武帝在位期间，满朝文武诚惶诚恐，人人自危，唯独汲黯是个例外。他对武帝从无惧意，武帝对汲黯反倒有所忌惮。大将军卫青入侍宫中，武帝就靠在床边接见他；丞相公孙弘闲暇求见，武帝有时不戴帽子；只要汲黯晋谒，武帝必得肃容整冠。一次，武帝正坐在有兵器的帷帐中，汲黯前来奏事，武帝当时没戴帽子，望见汲黯走来，急忙躲入后帐，派人传话说，批准汲黯所奏。武帝偶尔抱着后妃饮酒作乐，听说汲黯要来，立刻下令清场。以雄才大略著称的堂堂帝王，对一位并无特异功能的臣子忌惮若此，让读史的人实在难以想象。那么，刘彻真的怕汲黯吗？

俗话说，正直的人鬼都怕。但这只是寻常逻辑，世界上有些事用寻常逻辑是解释不通的。从表面上看，刘彻对汲黯确实有所忌惮，但这种忌惮并非出自本心，而是情非得已，势非得已。一次，大夫庄助替汲黯请病假。皇上问，汲黯这个人怎么样呢？庄助回答说，让汲黯当官执事，没什么过人之处；然而他能辅佐年少君主，坚守已成基业，以利诱之他不会来，以威驱之他不会去，即使有人自称像孟贲、夏育一样勇武非常，也不能撼夺他的志节。皇上说，是的。古代有社稷之臣，像汲黯这样的人，就很接近他们了。以武帝而言，既然把汲黯看作社稷之臣，坚守的是刘家的基业，先前又是武帝做太子时的洗马，行事"轴"一些，说话"呛"一些，哪怕憋屈、闹心，也只好忍了。

再者，开明一些的帝王，不仅要为江山社稷负责，还要顾忌当世乃至身后的名声。如宋太祖赵匡胤，一次罢朝后闷闷不乐，内侍问他为何，他说，早朝时在前殿为指挥一事出了点差错，史官必然会记下来，所以不痛快。有些大臣正是利用帝王的这种顾忌，不惜以触怒龙颜来博取诤臣的身价。如灌夫等一干酷吏，多少都有这个倾向，所谓"以讦为直"。不过，"在刀尖上跳舞"的分寸很难把握，弄不好，身价暴跌不说，还会赔上身家性命。有些大臣揣摩到皇上有直谏之好，瞅准时机，也会来一下"合理冲撞"，以便换取恩宠，如公孙弘等人就是这样，所谓"以直取媚"。

"以讦为直"也好，"以直取媚"也好，都是站在臣子的立场上看事、说话，且与汲黯其人的行止不够吻合，因而不能贴切地解读刘彻与汲黯之间的关系。但是，多角度、多层面的观照，会让我们从中看到历史教科书不便呈现的镜像，从而对刘彻与汲黯之间的微妙关系看得更加清楚。

追溯起来，作为君臣之间的互动方式，求谏与进谏、纳谏与拒谏，起初都是出于政治需要，不存在谁怕谁的问题。忌惮的出现，是因为谏议这件事变味了，异化了。谏议原本是为了发现问题，防止偏差，改正错误，但在朝野舆论效应的反冲下，谏议偏离了原初的动机，变成评价君王好坏的一条重要标准了。就是说，谏议这件事由手段变成目的了，不管能否产生实际效益，只要肯虚心求谏、诚恳纳谏的君王就是好君王。在中国历史上，那些被誉为从善如流的明君，身边总有大名鼎鼎的诤臣相伴随，如本文开头列举的那样。而且，红花绿叶相得益彰，明君诤臣同留青史。史书上是这样写的，戏曲中是这样演的，老百姓也是这样看的。一直延续到今天，凡是与评价帝王相关的书籍或教材，都把纳谏视为明君的一个亮点。

依汉武帝的个性来看，他并不是真的怕汲黯，也并非真有诚意折节求谏。他之所以忌惮汲黯，容忍汲黯，在很大程度上是把汲黯当作"民主橱窗"了。就是说，身边有了汲黯这样一个展示武帝开明的"民主橱窗"，至少可以堵住朝野非议之口，也能为自己的政声加分。汉武帝这样做尽管未能骗过后世，但却成就了汲黯的铮铮大名，并使武帝少干了许多劳民伤财的坏事，让那时的百姓得到许多好处。正如孙玉祥在《皇帝怕了就好》一书中说的那样，在专制时代，如果一个帝王对臣下还有所戒惧的话，那个朝代就是再差也差不到哪儿去；相反，如果这个帝王百无禁忌，天不怕地不怕，而只有臣下怕他怕得要命的话，不用说，这准是一个朝不保夕的年代。

刘表为何难留人

有家公司招人的待遇比同行高,可应者寥寥。于是该公司老总感慨说,想当年,重赏之下必有勇夫,"筑巢"就能"引凤",现如今怎么就不灵了呢?其实,有些账仅靠阿拉伯数字是算不清楚的。

在东汉末年的历史舞台上,刘表雄踞荆州七郡,领地沃野千里,坐拥十万甲士,应算是三国前期屈指可数的一方豪杰了,但到头来却难成气候,每每为世人所轻蔑,这究竟是什么原因呢?

细看正史记载,被誉为"江夏八俊"的刘表,堪称才貌双全,德行无损,天时地利均占,文治武功兼备。190年,荆州刺史王叡为孙坚逼死,刘表继任。当下荆州境内,乱象丛生,颇不安宁。刘表临危受命后,施仁义以安民,用权谋以戡乱,分化瓦解,招降纳叛,很快平定了荆州乱局。经他打理的荆州,治安状况大为好转,生产得以恢复和发展,文化教育得以振兴。不久,刘表被任命为镇南将军、荆州牧,加封成武侯。刘表的实力虽不及袁氏集团,但却不弱于曹氏集团,比孙刘之辈强多了,足以逐鹿中原。彼时的荆州,不仅因战略地位重要为群雄所垂涎,而且因士民富庶安乐为天下所倾慕,战乱地区民众纷纷前来避难,仅关中地区流入荆州者就达十余万家。特别是在他开立学官、博求儒士、兴办教育、光大经学期间,数以千计的外地士子,或是慕名来投,或是权且避乱,且多非等闲之辈。如,杜袭、荀攸、颍容、王粲、徐庶、石韬、和洽、孟建、杜畿、杜夔、繁钦、裴潜、邯郸淳、司马徽、诸葛亮、诸葛玄、梁鹄、贾诩、伊籍、赵俨等,都是知名当时、盛传后世的鸿儒博生。荆州地面,原本藏龙卧虎,加上后来才俊,一时间群英荟萃。

可惜的是,这些外来羁旅,虽然受到刘表的接纳和赈赡,但与之真诚合作者却不是很多。随着天下大势和格局的改变,人才荒废与流失问题也愈益显现,以致丧失了问鼎中原的大好机会。荆州沦陷后,归附曹操的王粲说:"士之避乱荆州者,皆海内之俊杰也。表不知所任,故国危而无辅。"粗略分析起来,不能说没有道理。除了那些拒绝受聘或躬耕草野的隐者外,即便愿与刘表合作者,也不见得就能得其所哉。对于外来客卿,刘表在礼数上尽管敬重有加,但在安排上却心存疑忌,虚与委蛇。就拿王粲来说,尽管其貌不扬,身材短小,性情通脱,但才情却非一般。人家真心依附于你,联姻不成倒也罢了,"不甚见重"就不该了。王粲在荆州十六年之久,始终只是刘表的一个普通幕僚,无法充分施展自己的才能。刘表去世后,荆襄诸郡名士,或是加盟蜀汉阵营,或是归附曹魏阵营,大都受到重用。

那么,刘表麾下留不住人,仅仅是因他"不知所任"

吗？我看并不尽然。避乱于荆州者，尤以颍川人居多。起初，颇有文采的繁钦多次在刘表面前显露才华，杜袭开导他说，我所以和您一起来这里，只是想潜身草泽，待时而飞。怎么能把刘表当成拨乱的主子，而长久依附于他呢？您若显摆不已，就不是我的同道！从河东来荆州的裴潜，也曾私下里对王粲、司马芝说："刘牧非霸王之才，乃欲西伯自处，其败无日矣。"他与杜袭先后南渡长沙，另谋高就。

深入分析那些权且避乱于荆州之士人的内心隐情，便不难看出，他们之所以拒绝合作，不愿为刘表所用，主要不是因为他不善用人，而是因为他既缺乏纵览天下的远见卓识，又缺乏逐鹿中原的雄心壮志，以致发展前景不被看好。跟随他偏安一隅，就会错失施展远大抱负的机遇和舞台，且终有一天会成为覆巢之卵。

公允地说，刘表其实是个品学皆优、德才兼备的好领导，但"无四方之志"这一弱点在群雄争霸的年代却是致命的，所以被后世讥刺为"治世之贤臣，乱世之庸才"。官渡之战中，当曹操和袁绍人困马乏、处于胶着状态时，部下韩嵩、刘先劝他出兵，并晓以利害说："豪杰并争，两雄相持，天下之重，在于将军。将军若欲有为，起乘其弊可也；若不然，固将择所从。将军拥十万之众，安坐而观望。夫见贤而不能助，请和而不得，此两怨必集于将军，将军不得中立矣。夫以曹公之明哲，天下贤俊皆归之，其势必举袁绍，然后称兵以向江汉，恐将军不能御也。"这就是说，刘表无论支援哪方，都能制胜获益；若是乘隙直击曹操老巢,迎回献帝,传檄四方,就会成为复兴汉室的第一功臣。中立自保的后果,既得罪了袁绍,又得罪了曹操,待曹操吃掉袁绍,荆州还保得住吗?可刘表就是不听,该出手时不出手。刘表师承儒门,品性仁和,立意自守是其既定方针,别人劝也没用。207年2月,曹操计议讨伐乌桓,但又怕刘表派刘备偷袭许都。郭嘉进谏说,刘表一心提防刘备,哪里会把这重任交付与他呢?主公尽管放心。这事还真给郭嘉说中了。刘备确有偷袭之心,建议借曹操虚国远征之机出兵,刘表未能采纳。一年之后,曹操三十万大军掉头南下,刘表经营了近二十年的荆州转瞬易帜。有学者慨叹说:八俊名士有刘表,终为他人作嫁衣。

话又回到开头,那位老总抱怨招人难,有没有认真反思一下:本公司发展前景如何?能否站稳脚跟、做大做强?能否为来人提供长远发展的用武之地呢?

大德与小惠之辩

郑国有个老百姓寒冬里过河,上岸后小腿都冻僵了。景差刚好路过这里,就把那人扶到陪乘位子上,并用自己的衣襟捂着那人的腿脚。晋国大夫叔向听闻后,不以为然地说,景差身为国相,这样做不是很浅陋吗?我听说,在贤能官吏管辖的地方,三个月就该修好沟渠,十个月就能架好桥梁。这样的话,牛马过河都不会湿蹄子,何况是人呢?

这便是掌故"景差覆衽"的由来,见于刘向《说苑》。叔向的这番议论,很容易让人想到孟子的一段话。《孟子·离娄下》记载,子产掌郑国之政时,曾用自己的车子助人过河。孟子说,子产心肠好,却不知为政之道。如果十一月份建好行人的桥,十二月份建好通车的桥,百姓就不会为过河发愁了。君子修明施政,出行时让路人回避都可以,怎么能一一帮人渡河呢?管理国家政务的人,要让每个人都高兴,时间也不够用啊。

"子产渡人"与"景差覆衽"情节相仿,孟子与叔向的批评略同,事件的发生又同为相郑期间,且景差以辞赋见称,子产以政绩驰誉,因此有学者推测,刘向所说的景差应该是子产。这样的推测是否成立，姑且不论，仅就这两件事的情节和舆论指向而言，确实非常相似。景差与子产的行为，于公是亲民爱民，于私是积德行善，本应受到好评和推崇，叔向和孟子却都不认可。在他俩看来，为政之道在于尚大德，识大体，办大事，而不必事必躬亲施小惠。

这样的政治理念，也为后世所推崇。诸葛亮在处理蜀国政务时就说过，"治世以大德，不以小惠"。施政要从全局上解决普遍性问题，惠及大多数人，以小惠悦人不仅不可取，还有沽名钓誉之嫌。换成今天的说法，就是"作秀"。那么，景差与子产是在作秀吗？他们的做法真的不可取吗？当我对景差和子产的为政之道作了全面了解之后，发觉后人的成见不无偏颇。

景差与子产都是一代名臣贤相，特别是子产，执掌郑国国政二十多年，深受百姓爱戴。《礼记》直接把他比作郑人的母亲，"子产犹众人之母也"。子产去世时，"郑人皆哭泣，悲之如亡亲戚"，人们哭着说，子产离我们而去了，百姓将来依靠谁呢？孔子把子产身上表现出来的仁爱精神，看作是古代先贤的遗风，听到子产去世的消息，哭着说："古之遗爱也！"子产死后，家中连发丧的费用都没有。百姓自发捐献赙仪，金银财宝不可胜计。可他儿子不肯接受，自己背土葬父于陉山。由此可见，子产爱民之举出于本心，是心地存养使然，并非作秀。那么，子产是否只注重亲民爱民的小惠，而缺乏经世治国的大德呢？

春秋晚期的郑国，外有齐秦晋楚强邻环伺，内有七大家族明争暗斗，政局很不稳定。子产主政后，礼法并重，宽猛相济，在采取自强图存的外交策略稳定周边的同时，在国内推行了一系列事关国计民生的重大变革。一是"作封洫"，就是划清地界，以防发生权属纷争；挖掘沟渠，以利排灌畅通；承认私田并按占有量征税，以限制贵族势力侵吞田产；健全户籍，合理编组，以形成良好的城乡社会秩序。二是"作丘赋"，就是建立与"作封洫"相配套的军赋制度，按土地占有量分担军需军备。三是"铸刑鼎"，就是把刑律铸在鼎上，公布于众。更难能可贵的是，子产主张广开言路，保留乡民自由议论朝政得失的场所，以便能够听到人们对国事的批评和建议，对的就坚持，错的就改正。这在今天看来，也是值得称道的开明之举。一千多年后，韩愈写下了《子产不毁乡校颂》，称赞子产是执政者的楷模和典范，不无惋惜地说，此举若能普及天下，该有多好啊！

据史书记载，子产执政一年，浪荡子不再轻浮嬉戏，老年人不必拎重物，儿童也不用干农活。两年之后，市场商人不虚抬物价。三年过去，人们夜不闭户，路不拾遗。四年后，农民收工不必把农具带回家。五年后，男子不需服兵役。子产变革举措的实施，不仅刺激了郑国的经济发展，增强了郑国的军备和防务，同时也有效地促进了社会的和谐与稳定。推行初期，尽管遭到了既得利益者的攻击和非难，但由于新政给郑国带来了实实在在的好处，受到了大多数人的拥护，就连那些曾经反对过他的人，态度也发生了很大转变。

为政之道，在我国古代历来有善政与暴政之说。《尚书》里说:"德惟善政,政在养民。"范仲淹进一步解释说:"圣人之德,惟在善政,善政之要,惟在养民。"善政即仁政,其核心是以民为本。孔子说"子产于民为惠主",治国有君子之道:自身行为庄重,事奉君主恭敬,养民有实惠,用民有法度。子产虽为"小国之相",但晋、楚等大国的政治家对他普遍怀有相当程度的敬意。后世对子产评价颇高,视之为中国历史上卿相的典范。清代史学家认为他德超管仲,堪称"春秋第一人"。如果子产是一个不知为政之道的"总理",郑国的政治能变得如此清明、国力能有如此大的增长吗?本国朝野乃至邻邦还会如此敬重他吗?孔子还会给予那么高的评价吗?

子产被看作是法家的先驱,或者说是以儒兼法的政治家,在思想体系上与儒家还是有分歧的。叔向与子产同是一代名宿,他责难子产变法乃政见不同而已。况且,在晋国准备攻打郑国时,叔向以为不可,理由是子产乃贤能之士。至于孟子的点评,从语气上不难看出,他不过是就事说理,借铁打钉。即便是批评子产,也是"把话进一步说开去",意在阐明为政应该抓大事的理念。有人据此看成孟子对子产的讥讽,实在是对古人的误读。

在子产为政的古今议论中,焦点集中在大德与小惠的关系上。我的看法倾向于"为政不能止乎惠",就是说,为政要抓全局性、长远性的大事,不能把精力花在局部的短效的"暖心工程"上,但也不应把大德与小惠对立起来,讲大德而废小惠。作为一国之相,在庙堂要抓大政以利国,到乡间要发善心以恤民,两者都是为政之德,怎么能决然分开呢？这让人想起庄周贷粟的故事。对于"涸辙之鲋"来说，得斗升之水便可活命，引西江水来救它早就变成干鱼了。掬斗升之水虽是小惠，却比引西江之水这样的大德及时得多。

　　就像光焰无际的太阳也有照不到的角落一样，再完善的制度，也不可能调整所有的社会关系和行为；再宏大的政策，也不可能惠及所有人群；再富有的国度，也有需要救助的弱势群体。就拿架桥来说，这本是"为官一任，造福一方"的善举，但也不是所有河流的所有区段都需要架桥；即使需要架桥的区段，也不是所有的地方都有条件架桥；即使有条件架桥，也不是所有的地方官都能做到；即使地方官能做到，也要考虑投入成本和利用率。假如那条河是条浅窄的季节河，过河的人又不是很多，未必一定要架桥。子产身为国相，出行时无意间看到有人无法渡河，就施以援手，并非刻意而为，又有何不可呢？

一时毁誉难辨才

元和十年（815年）六月，白居易因主持正义遭当权者忌恨和打压，被贬为江州司马。放逐途中，有感于好友元稹《放言》五首所表达出来的悲愤情怀，遂以同名组诗奉和。以下便是其中之三，也是流传最广的一首。诗云：赠君一法决狐疑，不用钻龟与祝蓍。试玉要烧三日满，辨材须待七年期。周公恐惧流言日，王莽谦恭未篡时。向使当初身便死，一生真伪复谁知。

在这首诗中，白居易以"试玉""辨材"为譬晓谕世人，辨识人品的真伪需要一定的时间，甚至要终其一生。因为人品是内在的，隐性的，很难从一时一事中看出来，即便眼力超凡的高人，也有看走眼的时候。

曾子的人品是非常高尚的，是儒门数一数二的道德模范，古籍中有不少典故赞扬他。可就是这样一位圣贤级的人物，当年也曾有被误解的时候。据《说苑》记载：曾子37岁时，被费国国君聘请到费国。恰逢鲁国发兵攻打费国，曾参向费国国君请辞说，我要出去几天，等鲁国退兵后再回来，请您派人看好我的家，不要让猪狗拱坏了。费国国君听了颇为不悦，心里说，我待先生之情，人所共知。如今鲁国军队就要打过来了，先生却要离我而去，还让我替你管家，这说得过去吗？结果，曾参去的是鲁国，质询鲁国出兵攻费的理由。用今天的话说，就是进行外交斡旋。鲁国列举了费国的十大罪状，被曾参驳倒了九条。于是，鲁国决定撤军。费国国君闻知后，赶忙派人把曾参的房舍修整妥善，迎接曾子归来。圣人尚且遭误解，更何况是常人？

好人名声的论定需要时间，坏人品行的暴露也需要时间。战国时的戴剔成素有仁爱、清廉之名，但却野心勃勃，专权好战，变法初见成效后，不怀好意地对宋桓侯说，国家的安危，百姓的顺逆，关键在于赏罚。赏罚得当，贤人就会得志，恶人就会受制；赏罚不当，贤人就会受压，恶人就会得势，并通过结党营私、蒙蔽君王来争名夺利。赏赐人人喜爱，这种受欢迎的事由您来做；刑罚人人讨厌，这个黑脸就由我来扮演。宋桓侯听了高兴地说，好极了，就照你说的，我当好人，你当坏人。这样一来，生死予夺大权完全操控在戴剔成手里，宋国臣民无不畏惧，唯戴剔成之命是从。没过多久，戴剔成就废黜宋桓侯取而代之。宋桓侯这才明白过来，原来戴剔成的仁爱、廉洁和忠诚，都是伪装的。可是，噩梦醒来是黄昏，这一切都晚了。

西汉大臣公孙弘，圆滑世故，特别善于伪装自己，且能一以贯之，将作假进行到底，即便被汲黯揭了老底，依然能高姿态认账，汉武帝还以为他宽宏大量，虚怀若谷，以至功成名就，拜相封侯。尽管如此，后世论及他的品行时，仍然不敢恭维，称他是个典型的"两面人"。这让我们联想起那些被绳之以法的贪官，他们中有些人在落马前，头上还罩着反腐倡廉的光环，孰料刚走下警示教育讲台就被"双规"了。这些台上大讲腐败危害，台下依然受贿的人，就是当代的"两面人"，到头来难免露出马脚，落得个身败名裂锁枷扛的悲惨下场。

动态察人识良莠

在生理学家和心理学家看来，人的心灵、阅历以及当前的遭遇，是可以通过面色、表情特别是眼神表现出来的。但是，静态看人如同相面，有很大的局限性，更谈不上深度和精度。有道是，沧海横流，方显出英雄本色。人的心性和潜质、智慧和特长，只有在动态情况下才会明显呈现。因此，鉴别人才的最好办法还是那句老话：是骡子是马拉出来遛遛。

怎么个遛法呢？在《列御寇》中，庄子引用孔子的话说：人心比山川险恶，比天象难测。天象还有四季和昼夜的变化周期，可人心却深藏于厚饰的外表下不可捉摸。知人的法门，可以在动态情况下。通过九个特征加以考察——

第一，"远使之而观其忠"。不论机关干部还是企业职员，免不了要出差，远的还要到境外办事。人一旦离开大本营，自由度相对大了许多。在"山高皇帝远"无人监督的情况下，最能考验一个人会不会离心离德，能不能忠于职守，是否不辱使命。

第二，"近使之而观其敬"。有些人，近距离接触日久，就没了规矩和礼貌，待人没大没小，处事没轻没重，孔子他老人家把这种现象称之为"近之则不逊"。因此，"近使之"可以观察一个人是否庄重谨慎、谦逊恭敬。

第三，"烦使之而观其能"。一个医生的技能如何，要看他能否治疗疑难杂症；一个人的能力大小，要看他解决棘手问题的本事。履行程序，例行公事，任谁都会，但面对毫无头绪的复杂事件，就不是什么人都有招数的。能够从容应对、化解有方的人，必定是能者。

第四，"卒然问焉而观其知"。意思是说，突然间发问，就能看出一个人的智识或业务熟悉程度。行家里手、成竹在胸的人，即使毫无准备，也能对答如流。

第五，"急与之期而观其信"。重承诺，讲信用，既是社会良性运行的基本要素，也是合格人才的必备素质。了解一个人是否诚实守信靠得住，途径很多，庄子给出的办法很简单，却最有效，就是规定一个紧迫的期限，看他会不会爽约。

第六，"委之以财而观其仁"。这一条也简单，就是把财物托付给他，看他是否见利忘义。爱财如命，见钱眼开的人绝不会是廉洁奉公的。相反，真正廉洁奉公的人，绝不会损公肥私去争不义之财。

第七，"告之以危而观其节"。人们赞誉有气节的人，通常会用"泰山压顶不弯腰""烈火焚烧若等闲"等语言来比拟。这说明，考验一个人的节操，莫若看他危难关头的表现。但是，像舍身于冲锋陷阵、捐躯于抗震救灾这样的壮举，寻常日子并不常见。而且，烈士已是过去时，与察人用人无涉。所以，庄子把"告之以危"作为"观其节"的试金石来使用。

第八，"醉之以酒而观其侧"。这一条所对应的人文世相，应该说最为常见。庄子这里说的，是观察一个人酒后会不会失态、失礼。有的版本将这一条记作"醉之以酒而观其则"，意思是看一个人酒后会不会丧失原则、规则。若说得通，这也是老百姓担心的官场弊端，所谓"酒杯一端，政策放宽"。

第九，"杂之以处而观其色"。男女杂处时，可以看出一个人是否好色。这一条放在今天仍然适用。君不见那些贪官们，多数都是好色之徒。他们落马之后，两性关系方面的丑闻也随之沸沸扬扬。

用以上这九种方法察人，就可以发现谁是不肖之人，谁是贤德之人。当年晋商所以发达，除去不畏艰辛、发愤图强外，察人得法、用人得当也是重要原因。山西票号第一人、日升昌创立者雷履泰，正是从古圣先贤那里汲取智慧，联系自身发展实际，提出了有晋商特色的动态察人之法：远则易欺，远使以观其忠；近则易狎，近使以观其敬；烦则难理，烦使以观其能；卒则难办，卒使以观其智；急则易爽，急期以观其信；财则易贪，委财以观其仁；危则易变，告危以观其节；久则易惰，班期二年以观其则；杂处易淫，派往繁华以观其色。这些措施就像砭石金针，条条刺人要穴，字字察人本性，因此非常实用，至今仍深受企业家们推崇。

栋梁之材宠不得

古代的帝王，通常把得力的将相视为左膀右臂，称为股肱之臣，高爵厚禄，信任有加。但由于其中有不少人得宠后自负其功，骄横跋扈，有失检点，造成极为有害的负面影响。

关羽是蜀国乃至整个三国范围内拔尖的将才，但就秉性而言，关羽的性格缺陷也很明显，特别是恃勇轻敌、居功自傲等致命弱点，使得他后来的结局很惨。对于关羽的"软肋"，刘备与诸葛亮早有察觉，也深以为忧，但却碍于情分，很少警诫，至多是安抚一番了事。建安二十四年（219年），刘备自立为王，拟拜关羽为前将军，黄忠为后将军。关羽狂妄自大，不屑与黄忠平起平坐，接到诏书后竟怒冲冲地说："黄忠何等人，敢与吾同列？大丈夫终不与老卒为伍"，不肯受拜。事前，诸葛亮就曾担心关羽不满，试图劝说刘备放弃。事后又写信给关羽，看起来是劝导，实际上仅仅是奉承了一番。这种情况下，又将镇守大本营的重任托付于关羽，导致失荆州、走麦城悲剧的发生，最终使北进中原、匡扶汉室的战略计划搁浅、落空。

历史上自负其功的名臣还有很多。据史籍记载，贞观六年（632年），尉迟敬德曾在庆善宫陪同唐太宗李世民参加宴会，见有人座次排在他之上，就愤愤地说，你有何功劳，竟然坐我上首？位于下座的任城王李道宗出面劝解，尉迟敬德勃然大怒，一拳击向李道宗面额，闹得宴会不欢而散。

李世民毕竟是有些涵养的，公开场合没有发作。事后，他召见尉迟敬德说，我看汉史，曾责怪高祖时的功臣很少全身而退的，希望能与你们这些功臣共享富贵。今天看到你的表现，方知韩信、彭越当年被诛，并非只是高祖的过错。国家的治理，无非是赏与罚而已，非分的恩遇是不可多得的，望你加强修养，好自为之，否则后悔都来不及了！

唐太宗的这次私下谈话，看似委婉，无异通牒，意思其实就是，我已把话说在前头，到时候别怪我不讲情面！尉迟敬德当然明白，韩信、彭越的惨剧犹在眼前，岂敢善忘？此后，他常怀敬畏之心，深自敛抑行止，及老辞官，闲居奉养，得以善终。

爱护与约束并重，激励与诫勉兼施，从而使那些栋梁之材"宠而不骄，骄而能降，降而不憾，憾而能眕"，历来是确保干部队伍生机与活力的锦囊。倘若只顾使用激励，疏于诫勉，一味地宠信，一味地放任，再优秀的人才也会走向末路。唐太宗教训失检部属的方式，值得借鉴。

以诈察人不可取

据《贞观政要》记载,贞观初年,有人上书请求清除朝中奸臣。唐太宗说,我以为我所任用的都是贤臣,你知道谁是奸臣吗?那人回答说,我身居草野,不能确知谁是佞臣。请陛下假装发怒,以试群臣。若能犯颜直谏者,就是正直之士;若曲意逢迎者,就是奸佞小人。太宗回头对身边大臣们说,流水清浊,在于源头。君主乃政令之源,臣民犹如流水。君主使诈,却要臣子正直,就好比源头混浊而希望流水清澈,道理上说不通。我一向鄙视诡诈行为,像这样,怎么能作为教化命令?于是,太宗就对上书的人说,我要使诚信大行于天下,不想用诈术教化民众。你说的虽好,但我不能采纳。

那个上书人的点子,感性的说法叫作试探,理性的说法叫作诈术,就是预设圈套,诱惑取证,目的不外乎是检验对方良心的真伪和品行的高下。在民间,这也许算不了什么原则问题,《红楼梦》中就有"慧紫鹃情辞试莽玉"一出;在战场上,则是司空见惯的兵法,所谓兵不厌诈;但在政坛和职场,这样的伎俩就不够正派,甚至有些阴损,不仅会带坏风气,还会留下难以补救的后遗症,收到的是一时之功，失去的却是长远之信。好在唐太宗不糊涂，有主见，从源和流的关系上认识到诚信的重要性，拒绝用诈术考验朝臣的忠奸。

在清代帝王中，雍正是个颇具争议的人物。其中，最为人诟病的是他心术不够光明正大。雍正即位之初，担心宝座不稳，所以有些疑神疑鬼，于是大兴特务机关，私下里派人四处侦察，就连坊间细故也要上达，所谓"密折奏报"，说穿了就是刺探私密情报。据清人昭梿《啸亭杂录·续录》记载，这年元旦夜，状元出身的王云锦在家同亲友斗纸牌，玩了一会儿，发现少了一张。第二天上朝，雍正问他昨晚有何消遣，王云锦如实回答。雍正听了笑着说，"不欺暗室，真状元郎"。说着，从袖子里拿出一张纸牌，正是昨晚丢的那张。幸好王云锦没有扯谎，也没议论朝政得失，倘若说了雍正的不是，等待他的恐怕就不是笑脸了。

雍正的功过自有公论，但用这种阴招察人，实属下策，难怪当时的朝臣人人自危，后世的士人也多有微词。即便他发布了《大义觉迷录》，人们对他心术的险诈还是不能释怀，可见后遗症有多大。

靠诈术考察人品，即便在今天也不可取。丹麦医学家芬森，晚年打算选用一名叫哈里的医学才俊做接班人，但又担心他不能在枯燥的医学研究领域内坚守。芬森的助理乔治建议，不妨请人假意出高薪聘请哈里，如果他经不起金钱的诱惑，就不配做您的弟子。然而，芬森却谢绝了助手的建议。他分析说，哈里是在贫民窟长大的，对富足的生活有所向往是很自然的。用高薪做诱饵，势必让他在现实与梦想之间产生纠结，陷入两难境地。我所要选择的是医学科研工作者，何必苛求他必须是一个圣人。

最终，哈里成了芬森的弟子，并在若干年后成为丹麦有影响力的医学家。当他听说了芬森拒绝用考验人性的方式取人的往事后，毫不掩饰地说，如果恩师当初用高薪来考验我的人格，我很有可能会中招。因为当时我母亲患病在床需要医治，而弟弟妹妹也需要我赚钱供他们上学。假若那样的话，我就没有现在的成就了⋯⋯

这世间，圣人毕竟稀少，多的是凡夫俗子。即便是英雄豪杰也有七情六欲，也会有一念之差，也会有为物所惑、为情所困的时候。因此，芬森以他一直赞同的观点告诫人们：不要站在道德的制高点上俯瞰别人，也永远别去考验人性。需要补充说明的是，选人重德的原则并无指摘之处，仍然需要坚持，但不能"站在道德的制高点上"，采取非正常的手段考验人性。察人以诚方能各得其所，察人以诈可能两败俱伤。

用兵奇才多书生

经典史诗《长征组歌》曾一度唱红大江南北，其旋律和歌词也广为人知。其中第四曲《四渡赤水出奇兵》，以非常钦佩的语调唱出了"毛主席用兵真如神"这样的赞叹。令人称奇的是，这个提出"武装夺取政权"的人，并非军人出身，而是来自湖南乡村的教书先生。你若留神就会发现，历史上那些善于用兵的人，往往都是书生。他们虽然手无缚鸡之力，但用起兵来却能决胜千里之外。

南朝宋文帝意欲北伐，武将沈庆之以为不可，极力予以劝谏。文帝不听，反让两个文官向沈庆之发难。沈庆之说，耕田就该问农夫，织布就该问织女。皇上现要出兵，却与白面书生商量，这事怎么能成呢？自此，人们就用"白面书生"代指缺乏实际经验的读书人。那些仕途失意、穷困潦倒的读书人，也常常以"百无一用是书生"自嘲。其实，这种自嘲并非出自真心，而是夹杂着抱怨和不服，一旦仕途得志，也多半不会再拿书生说事了。那么，书生真的像沈庆之说的那样不会用兵吗？

有点阅历的人都知道，在我国历史上，真正会用兵的恰恰是书生，而且例子很多，历朝历代都有。近一点的如曾国藩，一生治学修身，专精于为学之道、养心之道、自勉之道、成事之道、交往之道、用人之道、为政之道，可他领导的新军，训练有素，管治有方，打了不少胜仗。曾国藩的旗下，16位统领以上的高级军官中，书生出身转武行的有11人。

远一点的如春秋时期的孙武、三国时的孔明、汉代的张良等，都是读书人中大名鼎鼎的神机军师。南朝梁有个叫陈庆之的文弱书生，"本非将种，又非豪家"，身板不壮，武艺稀松，连骑马射箭都有些吃力，可他带兵有方，用兵如神。他四十一岁始得拜将，十五年军事生涯征战无数，从无败绩，且每每以少胜多。他所指挥的七千白袍军，数次大破北魏军。

一个满脑子诗书礼乐的文人，所以能用兵如神，道理其实很简单：杀敌尤勇，用兵唯谋。在决定战争胜负的诸要素中，兵多将广、粮草丰足、军纪严明、训练有素、天时地利、民心所向等项固然重要，但若不懂谋略和兵法，再强大的军队也要吃败仗。这也是刘备为何三顾茅庐、曹操为何痛失郭嘉、孙权为何哀恸周瑜的道理所在。

现代人才学将人才分为开创型人才、经验型人才、敏行型人才、专业型人才、谋略型人才等八大类。上述善于用兵的书生，在古代一般称为军师，在现代则应属于谋略型人才。无论过去还是现在，谋略型人才对于事业的成败至关重要。国家也好，军队也好，集团公司也好，智囊、智库从来都是不可或缺的。因为只有方向正确，所有的努力才有意义，国家和社会也才能向正确的方向前进。

无语还被无语误

西哲有云"沉默是金",据说出自苏格兰作家托马斯·卡莱尔(Thomas Carlyle)之口,至今仍被人们引为名言警句。这句话可以有多种解释,无非是说,沉默也是一种态度,是一种潜在的力量,默默无语胜过千言万语。值得注意的是,这句话的有效性要看对象和场合,不能一概而论,而且要从积极方面去理解,去应用。消极沉默的结果,不仅无益,而且有害。美国波士顿有一座犹太人遇难纪念碑,碑文是德国神学家弗里德里希·古斯塔夫·埃米尔·马丁·尼莫拉的一段话:起初他们追杀共产党,我不是共产党,我不说话;接着他们追杀犹太人,我不是犹太人,我不说话;此后他们追杀工会成员,我不是工会成员,我也不说话;再后来他们追杀天主教徒,但我是新教教徒,我还是不说话;最后,他们奔我而来,再也没有人站起来为我说话了。这篇碑文告诫人们,不是所有的沉默都是金,该当你仗义执言时,你却明哲保身而缄口,到头来就没有人来为你主持公道了。

同"沉默是金"这句名言相对应的中国古训很多,大都与待人处世有关,无非是告诫人们管住自己的舌头。比如说,"言多必失""祸从口出""是非只为多开口"等等。这些古训同样也有积极与消极之分,也要区分应用对象和场合。在有些情况下、有些人身上,沉默会引起误解,无言会酿出祸端。发生在我国东晋的一桩公案,颇能说明这个问题。

魏晋时期的琅琊王氏,自王导、王敦兄弟始,因助司马睿南渡建邺奠基有功,拜将封侯,加官晋爵,权倾朝野,成为当世首屈一指的名门望族。后因王导之弟王敦起兵反叛,累及家族几百口人的安危。时任司空的王导惊恐莫名,就带领宗亲子弟二十多人,前往皇宫门前恭候请罪。此前,元帝的宠臣刘隗,曾劝谏元帝对王家予以满门抄斩。

这天早上,站在宫门外的王导,见尚书周顗来上朝,就大声央求他为王氏一门请命。谁知周顗看都没看他一眼,吭也没吭一声,就径自进宫去了。周顗见到元帝之后,极力为王导开脱,说王导向来忠诚,绝不会与王敦同流合污。元帝觉得周顗言之有理,就留他偏殿陪餐。周顗好酒,喝得醉醺醺的才告辞出宫。一直站在门外的王导向他打招呼,他仍旧是不理不睬,大摇大摆地回家了。回府后,周顗又写了一封言辞恳切的奏章,再次为王导申辩。这一切,王导哪里知情?见他不屑一顾的神色,还怀疑他在元帝面前说了自己的坏话,于是便怀恨在心。

东晋开国后,王敦因战功卓著,拥立有功,被拜为侍中,升任大将军、江州牧,虽未列班朝宰,却一直坐拥重镇,兵权在握,且强势自恃,任性而为,不服朝廷管束。元帝深以为患,遂重用王氏政敌刘隗、刁协等,与之制衡。

这让王敦大为不满，于是以"清君侧"为名，起兵讨伐。元帝有心平叛，却慑于王氏根基牢、势力大，态度不够决绝。刘隗尽管早有防备，但他麾下的新军毕竟刚组建不久，哪里抗得住王敦的冲击？很快溃不成军，王敦大军兵临城下。元帝见势不妙，只好求和。王敦则以胜者为王的气势，自任为丞相，总揽朝政，并开始清算异己，重组内阁。周𫖮天性宽厚，为官清廉，德望素重，才情高雅。王敦对他并无敌意，并认为周𫖮应当位列三司，起码仍可做个仆射。可当他一再征求王导的意见时，王导总是一声不吭。王敦又问，若不能用只好杀啦？王导仍旧无语。不久，周𫖮就真的成了刀下之鬼。

其实，那次殿外周𫖮不理王导，只是表明他身上还留有些许魏晋风骨而已，即便有些轻慢，也不代表他对王导薄情，更不足以证明他会落井下石。但因王导不知内情，总觉得周𫖮不够意思。乱事过去之后。王导浏览宫中过去的奏章，发现了周𫖮保奏自己的折子，这才恍然大悟，以致悲痛不已，流着眼泪追悔说："吾虽不杀伯仁，伯仁由我而死。幽冥之中，负此良友！"你看，周𫖮的无语，造成了王导一时的忌恨，而王导的无语却带来了永久的遗恨。该发声时不发声，无语还被无语误，人世间无言的结局，还有比这更痛心的吗？

左宗棠的"心病"

据史料记载,清代名臣左宗棠虽然自幼聪颖,但三次赴京会试均不及第。尽管后来勋业卓著,左宗棠却一直因未能考取进士而耿耿于怀,生怕人家看不起自己这个"破天荒相公"。所幸,朝廷念他人才难得,劳苦功高,赐他"同进士出身",并授予翰林院检讨职务,这才了却了他的心病。

其实,为功名所累者不单是左宗棠,而是前有古人,后有来者。自打有了科举考试,"功名"二字的分量越来越重,进而成为驱策读书人的魔杖,奴役读书人的鞭影,潜移默化地改变着人文世相。从隋唐到明清,不知有多少诗词曲赋、戏剧话本、传奇小说等,描述大比之隆,颂扬科考之盛,咏叹功名之荣。金殿传胪、龙门夺锦、蟾宫折桂、雁塔题名、独占鳌头、高步云衢等词儿,也都是科举这座殿堂撒落的文明碎片,悬梁刺股、凿壁偷光、映雪囊萤的故事更是家喻户晓。

功名欲能催人发奋,也能诱人发疯。千百年来,为求功成名就,千千万万的士子们,青春作赋赌明天,皓首穷经枕黄粱。更有甚者,即便"老死于文场者,亦无所恨"。

废除科举的消息传来,竟有许多读书人惶惶然不知所措,甚至自杀。功名之累,一至于此。一部《儒林外史》,正是从这个角度鞭挞科举制度之流弊的。

"丈夫处世兮立功名,立功名兮慰平生。"功名的诱惑不仅体现在个体心理欲望的满足,同时也体现在整个社会的价值认同。"十年窗下无人问"可忍,是因为有朝一日能够"一举成名天下知",是因为"书中自有千钟粟,书中自有黄金屋,书中自有颜如玉"。当金榜题名带来夫贵妻荣,衣锦荣归能够光宗耀祖,功名二字就不只是读书人自己的事了。《唐摭言》有云:"缙绅虽位极人臣,不由进士者,终不为美。""终不为美"一语,正是左宗棠的心结所在。在左宗棠这样步入朝堂的高官们看来,若无进士学位,即使学富五车、拜相封侯,也算不上功德圆满,终究是一大缺憾,至少面子上不够风光。李鸿章称左宗棠为"破天荒相公",很难说不是褒中有贬。

科举铸就的功名观念根深蒂固,并没有随着科举的废除而消逝,为功名所累的现象至今仍未绝迹,"学而优则仕"的科举思维仍影响着现代人。前些年,有关部门曾对全国党政机关、事业单位县处级以上干部和中管企业领导人员共67万多人的学历、学位重新进行审核,并对15 000多例误填、错填或虚填、假填的学历、学位进行纠正和规范。与此同时,归国人员的学历造假案例也开始增多,既有名牌大学的假文凭,也有冒牌大学的真文凭。更引人注目的是那些落马贪官,他们中有的高学历、高职称竟然是公款买来的。学历造假现象一度引起过舆论界的严厉批评,将之概括为"学历崇拜""学历腐败",并认为"假文凭案频发拷问中国的用人制度"。

伪学历、假文凭现象的滋生,在观念形态上与"功名情结"一脉相承,更直接的原因还是用人导向。选拔人才,讲求"知识化"没错,但知识化不等于学历化。不论是人才成长的规律还是成功者的实践经验都说明,文凭与水平、学位与学识、学历与阅历并不构成正比。领导干部的选拔、公务员的考录、经理人的招聘,如果把学历列为硬杠杠,非研究生不用,就会倒逼某些人在学历上做手脚。正确的用人导向应该是看学历不唯学历,把目光聚焦到真才实学上,不拘一格降人才。

赵简子放生被吐槽

赵鞅，亦称赵孟，史书中多称其为赵简子，春秋时期晋国赵氏的领袖。正月初一这天，邯郸的百姓将捉到的斑鸠献给赵简子。赵简子很高兴，重赏了他们。有门客问其原因，赵简子说，元日放生，能彰显恩德。门客说，百姓得知您要将猎物放生，就会争相捕获它们，反而会招致更多猎物丧生。如果您想让斑鸠活命，不如禁止百姓捕猎；捕猎之后再放生，恩德还抵不上罪过呢。赵简子说，你说得对。《列子》卷第八《说符篇》记载的这段历史故事，更像一则寓言，透彻地说明了动机与效果的关系。若引用到人才领域，也可以看作是激励机制问题，或称之为"激励过敏"。

要发挥人力资源的最大效益，就必须建立相应的激励机制。激励机制一旦建立起来，就会对人们的行为产生导向作用。但是，不是所有的激励措施都能产生正能量，有些激励措施带来的后果，还会偏离倡导者的初衷，产生副作用。就是说，激励好比兴奋剂，服用不当也会害人。赵简子对献斑鸠的百姓进行奖励，本来是想通过放生彰显恩德，结果事与愿违。好在其门客及时予以劝导，才避免了一场由放生导致杀生的浩劫。

赵简子元日放生的史例说明，实施奖励不能一厢情愿，必须从实际出发，动机与效果相统一，形式与目标相适应，使之产生良性互动。比方说，你对外招揽高端人才，对内奖励员工创议，都要考虑赏格的合理性、规则的可行性、效应的持续性。有个集团公司以高职、高薪、高待遇吸引外来人才，却冷落了正在为本公司做贡献的专家和骨干，结果导致本单位那些挑大梁的人才，或是沉郁，或是流失，公司的发展严重受挫。这也说明，好的激励机制必须兼顾效率与公平，顾此失彼，厚此薄彼，都同样达不到激励的目的。

有什么样的游戏规则，就会推演出什么样的游戏。游戏好不好玩，形式与内容固然很重要，但如果规则有问题，就会乱了套，再好的形式和内容也难以得到流畅的表达，绩效考核和激励机制同样也是这个道理。18世纪末期，英国政府为了开发澳洲，决定把本国犯人统统发配到那里去。运送任务交由一些私人船主承包，政府按照装船的犯人数量拨付费用。船主为了谋利，尽可能地多装人，可是由于船只破旧，设备简陋，饮食粗糙，又缺乏起码的医疗条件，导致犯人死亡率很高。花费了大量资金，却未能达到大批移民的目的，这让英国政府很头疼。他们也曾从加派监督官员入手，采取改善医疗条件、提高生活标准以及对船主进行教育培训等措施，试图降低犯人死亡率，但却收效甚微。后来，英国政府采纳了一位议员的建议，将按登船人数付酬改为按上岸人数付酬，问题迎刃而解。有专家分析认为，绩效考核和激励应是基于流程管理的考核和激励。这位议员的建议，体现了流程管理与功效管理相统一的思想，因而非常奏效。

赵襄子行赏不唯功

春秋末期,赵襄子被困于晋阳,突围后奖赏有功之臣,高赫无功却居上首。众人不忿,要求给个说法。赵襄子说,当晋阳危难之时,群臣尽皆傲慢,连我也不放在眼里,唯有高赫不失君臣之礼,所以我头一个赏他。

具有划时代意义的晋阳之役,是赵氏存亡继绝的转折点。公元前455年,把持晋国大权的智伯野心勃勃,企图兼并赵韩魏三家称霸中原,便让赵韩魏三卿各拿出百里万户之邑归公。韩魏两家明知这是假公济私,强权扩张,却不敢直撄其锋,只能拱手相让。早就对智伯气不过的赵襄子,坚决予以回绝。智伯见赵襄子不买账,遂挟韩魏两家联合攻赵。赵襄子抗击失利,只好遵照父亲临终嘱托,率部退守晋阳。智伯攻城年余未果,就下令掘开汾河之堤,利用雨季山洪灌城。那些平时信誓旦旦的家臣们,见晋阳破在旦夕,遂各生异心,对赵襄子也不那么恭顺了。危难之际,赵襄子派心腹夜潜韩魏两营,晓以唇亡齿寒之利害,策动他们结盟反戈。韩魏两家原本就对智氏不满,因此一拍即合,里应外合消灭了智氏。赵韩魏如约三分晋地,历史由此进入战国时期。

战后论功行赏，天经地义。但是，仅凭事君有礼就能荣膺最高奖赏？他给高赫以上赏，表面上看是先礼后功，但并非重礼轻功，而是论功不唯功。常言道，重赏之下，必有勇夫。功勋虽可嘉，有钱能买来；真诚更可贵，人心不可贾。在赵氏险些被灭的危急关头，高赫对襄子尚能礼敬有加，足以证明他对君主是何等忠诚。同时，重赏对自己忠贞不贰的臣子，无疑会在激励机制上产生导向作用。

荀子说："欲立功名，则莫若尚贤使能矣。""尚贤使能"是荀子人才观的核心。关键的问题在于，什么情况下"尚贤"，什么情况下"使能"。就是说，要发挥激励机制的导向作用，不仅要看对象，赏以当人，还要看时机，赏以当时。战时与平时、创业与守成，由于对人才的需求不同，侧重点也有所不同。一般说来，打天下，创基业，"使能"在先；守江山，开太平，"尚贤"为主。就是说，创业重才，守成重德，或者说，乱世重才，治世重德。

用人德为先，是中国文化传统的一条基本原则，但在非常时期与平常时期要区别对待。德才兼备当然最好，可战时非比平时，如果固守传统不知变通，麾下必定门可罗雀。战场上较量的是勇和谋，德行位居其次。如果像宋襄公那样"不鼓不成列"，怎么可能战而胜之？正是因为战争对人的素质有特殊要求，所以历史上那些开国之君用人往往是不拘一格的。刘邦也好，曹操也罢，他们之所以能战胜对手，靠的就是唯才是举。诚如魏征所言，"天下未定，则专取其才，不考其行；丧乱既平，则非才行兼备不可"。

刘邦得天下后，仍旧蔑视儒生。陆贾经常在他跟前念叨诗书，惹得他老大不高兴，骂骂咧咧地说，老子的天下是在马背上打出来的，哪里用得着诗书！陆贾以历史上的反面人物为例说，您在马上得到的天下，难道可以在马上治理吗？刘邦这才有所省悟。自此，刘邦一改山寨草莽习气，"行仁义，法先圣"，开始推行"逆取顺守，文武并用"的治国方略，最终迎来汉室中兴。

赵襄子行赏不唯功，说到底是和平时期治国用人的战略眼光问题。战事已了，江山既定，整肃朝纲、管理国家、发展生产、繁荣文化，开始上升为主要任务，尤其需要倡导诚信礼义，重视人品德行。在赵襄子善赏这件事上，以孔子为代表的儒家和以韩非子为代表的法家，看法是不一样的。儒家看到的是伦理，是教化，解释起来比较温良；法家看到的是法度，是权谋，解释起来比较冷峻。其实，赵襄子的做法是具有前瞻性的。如果只看到君臣礼仪的回归或者是君臣关系的整饬，看不到尚礼崇义、尊贤重德的用人导向和效应，就未免有些简单化、表面化了。

曾国藩用人唯谨慎

曾国藩说:"吾辈所慎之又慎者,只在'用人'二字上,此外毫无着力之处。"并特别强调慎用主动吃亏之人。中国人一向信奉"吃亏是福",认为肯吃亏是一种德行。曾国藩不仅自己乐于吃亏,而且经常告诫家人要肯于吃亏,并以"情愿人占我的便宜,断不肯我占人的便宜"为信条。但他对送上门来主动吃亏之人却又心存戒惧,这是什么缘故呢?

单就哲学思维的逻辑关系来说,吃亏与得利是相对的,利益双方总有一方要吃亏,双赢是从宏观上说的,从微观上来看,有人有所得必然有人有所失。对"吃亏是福"的理解,也是见仁见智。见仁者,多从谦让的社会效益上考虑,其意在善,宽以待人,是一种大度的人品;见智者,多从得失的经济收益上考虑,其意在谋,以退为进,是一种钓鱼心理。后一种吃亏者,今时屈一尺为的是他日伸一丈,此处退一步为的是彼处进三步,正所谓"将欲取之,必先予之""吃小亏占大便宜""小不忍则乱大谋"。曾国藩所提防的,应该是后一种人,所以他在"吃亏之人"前边冠以"主动"二字。

这"主动"二字就大有讲究了。一般说来，吃亏总是被动的，是"遇见"而不是"预见"。就是说，吃亏的事是随机的，而不是预谋的。主动吃亏之人则不然，他们是"预见"而不是"遇见"，吃亏的事是主观选择的结果，看似利人实则为己。曾国藩说过，那些主动施恩于我的人，很多是一种投资。有天我做了大官，不报答他们，显得我刻薄；报答他们，即使是他们施予的十倍，也不能满足他们的愿望。正是出于这种考虑，曾国藩在京城为官八年，从不轻易接受他人好处。有人说，曾国藩对人性的理解较为黑暗，这与他纵横官场多年，看尽尔虞我诈有密切关系。

当然，并不是所有的"主动吃亏之人"都暗藏机心，有所企图，很多"主动吃亏之人"还是善意的，至少也是为了面子上好看。正因为如此，要从中区分哪些是礼让三分的谦谦君子，哪些是别有用心的戚戚小人，就不那么容易了。鲍叔牙与管夷吾相与，处处主动吃亏，史称"管鲍之交"，可在当时，并不为世人理解。介子推"割股奉君"，隐居而"不言禄"，其赤诚是以葬身火海为代价才得以证实的。至于易牙、竖刁、开方之流，为表忠心而净身、杀子、弃父，主动吃大亏的背后是阴邪的内心，可怜一代雄主齐桓公受其蒙蔽，不仅自己被囚禁饿死，也毁了齐国霸业，教训殊为深刻。

事实上，易牙、竖刁和开方的身影从未在历史和现实中消失。一个人不会无缘无故给你好处，主动吃亏的背后总有目的，一旦拿了别人的好处，掉进了人家的陷阱，你就失去了自由，更遑论秉公办事了。曾国藩慎用主动吃亏之人的理念，至今仍有现实意义。特别是"慎用"二字，是有分寸的，不能笼统视之，对那些出以公心的主动吃亏之人，不但要用，而且要放心大胆地用。换言之，慎用并非不用，亦非不能重用。

王廷相的立身之道

明代王廷相主持都察院事务时，曾对初任御史的张瀚说，昨天雨后上街，有位轿夫穿了双新鞋，尤怕被泥水弄脏，从灰厂到长安街，都是小心翼翼地选好道走。转入京城，泥泞渐多，一不小心溅上了泥污。自此，这位轿夫就不再顾惜脚下的鞋子了。立身之道也是这样，一旦失足，就会无所顾忌。张瀚退而思之，很佩服王廷相的见解，并一生谨记在心，不仅颇有建树，而且清廉刚正，甚至对于权倾一时且有恩于己的重臣张居正，也敢于据理力争。最终张瀚辞归故里，著书立说，直至善终。

大千世界，往古来今，凡事都有第一次，万般始于头一回。具有开创意义的第一，可以铭刻纪录，载于史册。于是就有了宇宙之最，就有了环球第一，就有了吉尼斯世界纪录。事之发端者称"创其滥觞"，业之奠基者谓"开山鼻祖"，善之首创者云"领风气之先"，恶之初行者曰"始作俑者"，对那些敢做前人不敢做之事的勇士，鲁迅称为"第一个吃螃蟹者"。

俗话说，万事开头难。这里说的开头难，应该是指开好头。因为开好头如同爬坡，是向上的路，需要勇敢的抉择和坚强的意志,才能迈出第一步。而开坏头就容易多了,因为开坏头如同滑坡,是向下的路,仅凭落差的惯性,便可以滑下来。难怪有人说,容易走的路都是下坡路。开坏头不仅容易,而且坏头一开,便很难打住,很难收场。

　　大仲马在他的名著《基督山伯爵》中写道:"人类的过错,在未犯之先,总觉得自己有很正当的理由,是必需的,于是,在一时的兴奋、迷乱或恐惧之下,过错铸成了。而在犯了过错之后,我们才看到它本来是可以避免或逃避的。"那些第一次失足的人,在越过道德的底线之前,心灵的天平都有个抖晃的过程,总要为自己的行为找一个说得过去的理由,以便对自己的心灵有个交代。正是这些自欺欺人的所谓"理由",促使他们迈出了越轨的第一步,一而再,再而三,以致一发而不可收。如果在心灵的魔鬼第一次露头之际,坚决地撑拒一下,不幸的结局是可以避免的。

　　这说明,警觉于未犯之先,优胜于悔过之后。一个人要永葆金刚不坏的清白之身,特别是在"神不知鬼不觉"的情形下,敢于对走向堕落的第一次说不,是何等的重要。《诗经》云:"靡不有初,鲜克有终。"老子说:"慎终如始,则无败事。"慎始者未必能善终,但始不慎者终必不善。就人一生的操守而言,慎始难,善终更难。只有慎始才能坚守,只有坚守才能善终。慎始者若不能一以贯之地坚守,就不可能善终。

卢怀慎的不白之冤

卢怀慎其人，在唐代历史上值得铺陈的事迹很多，其言其行也多有可圈可点之处。但《旧唐书》编纂者的一句戏言，却让他的形象大打折扣，以致其成了后人嘲讽的对象，直到今天，还有人拿这句戏言说事，真正是冤哉枉也。

《旧唐书》是怎么说的呢？该书卷九十八列传第四十八中，有这样一段话："开元三年，迁黄门监。怀慎与紫微令姚崇对掌枢密，怀慎自以为吏道不及崇，每事皆推让之，时人谓之'伴食宰相'。"大意是说，唐玄宗开元三年，卢怀慎升任为黄门监，与中书令姚崇共同署理军政要务。卢怀慎自知为政之道不如姚崇，每遇大事都让姚崇决断，时人就把他戏称为陪人吃饭的宰相。后来，人们常用"伴食宰相"来讽刺那些不称职、不作为的太平官。其实，这完全是对历史的误读与误解。

综合史书记载，卢怀慎生活在武后至玄宗年间，执政于政治清明的开元盛世。开元元年，卢怀慎被唐玄宗召回长安，初授同中书门下三品，第二年代理黄门监，第三年正式拜为黄门监，并兼任吏部尚书。任职期间，切谏时弊，除暴安民，举贤任能，不恋权位，清廉节俭，不置私产，是一位德才兼备的贤相。如果他真是个尸位素餐的无能之辈，怎么可能取得累世朝廷的信任呢？景龙年间，他上疏朝廷提出的整顿吏治的三条主张，历来为史家所推崇；开元二年，他与姚崇力主弹劾暴虐百姓的王仙童，打击了皇亲国戚的嚣张气焰；卢怀慎一生甘守清贫，在职时俸禄散济穷人，病逝后连治丧之资都没有，玄宗偶经其墓地，见连块墓碑都没有，不禁泪下，就颁诏让官府为其立碑，并亲书碑文。

司马光在编写《资治通鉴》时，有感于《旧唐书》中那句戏言造成的影响，不无感慨地说，春秋时齐国的鲍叔牙之于管仲，郑国的子皮之于子产，原先都是前者居于后者之上的，因为了解后者的贤能，才甘居其下，将国务交给他们处理，这种做法受到了孔子的赞赏。汉朝丞相曹参自知才能不及萧何，因而一如既往地奉行萧何所制定的法度，无所变更，汉家大业得以继往开来。姚崇是唐朝的贤相，卢怀慎与他勠力同心，共襄明皇时期的太平之政，对他又有什么可怪罪的呢！《尚书·秦誓》上说，倘若有这么一位臣子，诚实专一而无其他本事，心地善良而又宽宏，人家有本事，就像自己有之，人家善美明达，由衷感到喜欢，不只口头赞许，内心里也能包容，依靠这样的人护佑我的子孙后代和广大民众，那是很有利的事啊。这段话，说的就是像卢怀慎这样的人。

既然如此，"伴食宰相"这一戏言为何会成了话柄，让卢怀慎身背恶评一千三百余年而洗刷不清呢？这就是流言的吊诡之处，既同人们的猎奇心理有关，也同约定俗成的思维定式有关。譬如说，有位歌星五官端正，相貌平平，唯独印堂有颗黑痣特别显眼。巧的是她嫁的两个男人都不幸遇难，于是人们就说她有克夫之相，并拿这颗痣说事，成了茶余酒后的谈资。

据《战国策·韩策》记载，韩国的雍氏被楚国围城达五个月之久，岌岌可危，于是陆续派出使者向邻近的秦国求援，但秦国按兵不动。而后又派尚靳使秦，力陈唇亡齿寒之利害。主政的秦宣太后认为，来了那么多使者，唯尚靳言之在理，但仍不愿发兵。于是就说，眼下要支援韩国，兵不众，粮不多，则不足以救韩；解救韩国之危，每天要耗费千金之资，难道不能让我压力少而有好处吗？秦宣太后主政期间，其功过是非并不为太多的人所熟知，而她在召见韩国使者时借用夫妻同床姿势打比方这件事，却引起了喜欢历史秘闻者的兴趣，传得沸沸扬扬。至于《芈月传》播出，让秦宣太后成了风云人物，那是 2015 年底才有的事。

话又说回来，卢怀慎秉持自知之明，甘居姚崇之下，就像房谋杜断一样协同共事，本该称道，可由于"伴食宰相"这个称呼足够另类，难得有这么形象而又能说明问题的掌故，于是就被人顺手拿来，讽刺现今那些庸官。至于卢怀慎其人本来面目如何，反被忽略不计了。

成大事当求晓事之臣

据宋史记载,宋孝宗曾抱怨伏节死义之臣难得。右文殿修撰张栻回答:"当于犯颜敢谏中求之。若平时不能犯颜敢谏,他日何望其伏节死义?"意思是说,这样的臣子当从犯颜敢谏之人中去找。一个人如果平时连冒犯领导提意见的勇气都没有,又怎么能指望他危难时刻舍生取义呢?孝宗又说难得办事之臣,张栻回答:"陛下当求晓事之臣,不当求办事之臣。若但求办事之臣,则他日败陛下事者,未必不是这样的人。"办事之臣好懂,那么,何谓晓事之臣呢?

廉颇和蔺相如的故事家喻户晓,这两个人应该都属于晓事之臣,相如不争是晓事,廉颇负荆也是晓事,他们都是以事业为重、顾全大局的人。刘邦大军攻入咸阳,诸将争相瓜分金帛财物,就连沛公也被秦宫的奢华给迷住了,唯独萧何急忙赶往丞相、御史府,将秦之户籍、律令、地形等图书档案统统收藏、保护起来。后来楚汉逐鹿,这些资料使汉军占尽先机,发挥了重大作用。这也正是刘邦选萧何为相的主要原因。像萧何这样能够深谋远虑、具备远见卓识的人,更称得上是晓事之臣了。

1994年10月,叶利钦应邀到圣彼得堡市郊外打猎。时近中午,随员在草地上摆上桌子,准备午餐。就在这时,一头野猪出现了。惊慌中,叶利钦的眼镜掉到了桌子底下的草丛里。于是,随员们一齐钻到桌子底下,帮叶利钦找眼镜。这时,叶利钦注意到,唯有一个身穿合体迷彩服的人没往桌子底下钻,他端着猎枪,全神贯注地盯着野猪,接着听到两声枪响,那头野猪被击毙了。这个危急之际击中野猪的人,名叫弗拉基米尔·弗拉基米罗维奇·普京,时任圣彼得堡市副市长。叶利钦回忆说:"我的第一印象,这是一个强硬、不妥协而思维敏捷的人,莫斯科需要这样的人。"

叶利钦的这段回忆,让我感兴趣的不是名人亮相的传奇色彩,而是钻桌子帮领导找眼镜这一细节。大约是这种细节似曾相识,令人更加反感。这当然不是说,帮领导找眼镜本身有什么不妥,而是由这件事折射出来的官场世故。紧急关头想的仍然是讨好领导,而不是挺身而出解除危机,这样的办事之臣,多又如何,少又怎样?像普京那样明利害、敢担当、辨轻重、解危局的人,哪里不需要呢?

在我们一些用人单位中,有些人特别"会来事儿"。他们会看领导脸色,熟知领导情性,揣摩领导意图,能为领导办事,让领导感觉特别舒服,因而也特别容易受到青睐和器重。上有所好,下必甚焉。在这样的用人导向下,"会来事儿"的干部自然就多了起来,而晓事之人能在多大程度上坚持自我就不好说了。长此以往,机关风气也就可想而知了。

晓事之臣与办事之臣，说到底也是贤臣与能臣。其实，晓事水平与办事能力并非不可兼得。有些办事能力强的人也很晓事，有些晓事水平高的人也会办事。清代监察御史熊学鹏曾就张栻与宋孝宗的答问写过一篇专论上奏乾隆，其中有云："陛下固欲求办事之臣，更于办事之臣中，而求晓事之臣。则心足以晓事，而身足以办事。心与身皆为国用，于以共襄政治，庶乎其得人矣。"乾隆认为他说得很有道理。

孔子不赞成无谓牺牲

据《左传》记载，齐国大夫庆克男扮女装，乘坐女人的车子混进宫中，与齐灵公母亲私通。鲍牵发现后，报告了国武子。结果，庆克不过是挨了一顿剋，鲍牵却因此遭到报复，被诬陷谋反，剁去了双脚。像鲍牵这样忠言进谏的行为，理当受到尊崇和赞扬，孔子却认为鲍牵"智不如葵"，葵菜还知道张开叶子遮蔽根部，鲍牵却不懂转个方向保护自己，是个做了蠢事的笨蛋。

陈灵公荒淫无度，与宠臣孔宁、仪行父一起，勾搭上了艳名远播的寡妇夏姬，三人竟然在朝堂上彼此展示夏姬送的内衣，公开交换心得，相互调侃取乐。大夫泄治实在看不下去了，愤然上前劝谏，不料却招致杀身之祸。子贡认为泄治的行为堪同比干，就问孔子是否合乎仁。孔子认为，比干是朝廷高官，又是纣王的叔父，为社稷计以死明君，其本性是仁。泄治不过是个下大夫，与陈灵公非亲非故，以己之能对付昏君是自不量力，死而无益。

在常人眼里，泄治和鲍牵绝对是响当当的诤臣，为何没有得到孔子的肯定和赞赏呢？这与儒家提倡的"明哲保身"有关。需要注意的是，儒家的这一理念，与我们今天的用意不同，意思是明智的人爱惜自己的生命，不做无谓的牺牲。孔子认为，天下的局势有乱有治，君主的德性有明有昏，臣子的地位有高有低，劝谏的力度有大有小，人臣诤言于君，应当审时度势地裁夺可行与否，在确保自身安全的前提下量力而行，并尽可能采取委婉的方式，不加权衡地白白送死于事无补。在劝谏这件事上，孔子并非反对必要的拼争，而是基于臣子的职业安全考虑，不主张傻愣愣地冒死直谏。

春秋时期，北方的戎国将要侵略曹国。曹羁认为戎国最不讲道义，就劝国君不要亲自迎战。进谏三次未果，曹羁就离开了。刘向在《说苑》中进一步分析说，就臣子而言，君主有过失不进谏，就会危及君主；君主不纳谏，就会危及自身；危及自身仍不被采纳，进谏就毫无意义了。因此他认为，曹羁三谏不从则去，更符合礼的要求。臣子在尽到自己道义的基础上走人，是明哲保身的最好选择。

秦晋之好来之不易

每当亲友或亲友子女结婚,人们在送上贺礼的同时,通常还会写上"喜结连理""秦晋之好""百年好合"之类的美好祝愿。"秦晋之好"一词的相关出处,最早见于《左传》,僖公二十三年有云,"秦、晋,匹也",西晋傅畅所著《晋诸公赞》遂有"秦晋之匹"一说,原本是对等匹配的意思,后来逐渐演变为"秦晋之好"而流传开来,如元杂剧《两世姻缘》中韦皋的道白"末将不才,便求小娘子以成秦晋之好";《三国演义》中韩胤对吕布说"主公仰慕将军,欲求令爱为儿妇,永结秦晋之好"。

作为历史掌故,"秦晋之好"发生在2 000多年前的春秋时期,本是秦晋两国的政治联姻,也是诸侯国之间邦交正常化的代名词,所以又称"秦晋之约""秦晋之盟"。由于婚姻是维系双边关系的纽带,后世便把两家结亲称作"秦晋之缘""秦晋之好"。

晋国在周天子分封诸侯之初,方圆不过百里。晋献公即位后,打着尊王攘夷的旗号东征西讨,"并国十七,服国三十八",疆域扩张至方圆数千里。那时的秦国也在招贤纳士,秣马厉兵,"开地千里,逐霸西戎"。这两个竞相崛起的诸侯邻国,都有互利共赢的愿望,为了睦邻友好、和平共处下去，姬姓"老西儿"与嬴姓"老秦人"便有了相沿几代的政治联姻。

俗话说，不是冤家不聚头。亲家往往也是冤家，秦晋之好也有翻脸交恶的时候。在《左传》的记载中，晋献公有五子一女，即太子申生和公子重耳、夷吾、奚齐、卓子，女儿伯姬。其中，奚齐的生母是献公的宠妃骊姬。献公曾私下里对骊姬说，我想废掉太子，让奚齐来替代他。骊姬哭着说，立太子的事，诸侯都知道了。太子多次统率军队，百姓都归附他，怎么能因为我的缘故废嫡立庶呢？您一定要这么做，我就自杀。骊姬假装赞扬太子，暗地里却派人中伤太子，策划立奚齐为储。于是就借祭祀之机，设局陷害太子，逼得申生自杀，重耳、夷吾逃亡在外。

晋献公去世后，大夫里克等人接连除掉奚齐和卓子两位幼主，派人到狄国迎接公子重耳回国继位，重耳以有违孝道为由谢绝了。里克又派人到梁国迎接公子夷吾，夷吾的谋臣认为里克的做法不合常理，须谨慎提防。于是，就计议向秦穆公求援，请他发兵护送夷吾回国，事成之后，以割让河西之地作为回报。在秦军和闻声而来的齐军的保驾下，夷吾顺利即位，是为晋惠公。但当君位坐定之后，晋惠公以大臣反对为借口背信违约，派人到秦国说明情况并致歉，这让秦国人很是不爽。秦晋两国的关系虽然并未因此而中断，但也为后来的交恶留下了裂痕。最伤感情的冲突发生在晋惠公五年前后，秦晋两国因"粮食外交"失和引燃了一场战争烽烟。

晋惠公上台后，年景一直不好，公元前647年，又逢大饥荒，只好向外求援。考虑到秦国距离最近，又是姻亲，就派大夫庆郑出使秦国籴粮。秦穆公遵从道义，不计前嫌，同意卖粮食给晋国。自秦都到晋都，从陆地转水上，运粮的车船队首尾相接，络绎不绝，史称"泛舟之役"。隔年，秦国也摊上了饥荒，于是就向丰收的晋国籴粮。晋惠公犹豫了半天，却采纳了其舅父大夫虢射的馊主意，不仅拒绝卖粮，反而乘人之危攻打秦国。晋惠公恩将仇报，秦穆公岂能容忍？于是坚决予以反击。公元前645年9月，秦晋两国决战于韩原，结果晋军惨败，惠公被俘。秦穆公的夫人乃晋惠公的姐姐，也是"秦晋之好"的开创者，多亏她拼死向穆公求情，惠公方免一死。待得晋国割让河西五城、太子圉入秦作人质后，惠公才被放了回去。

太子圉入秦后，秦穆公为了能稳住这位太子的心，缓和两国的对立情绪，就将女儿怀嬴嫁给了他，两国又重修旧好。公元前638年，太子圉得知父亲病重的消息后，担心晋国公卿看不起他，改立其他公子为太子，就告别妻子偷偷逃回了晋国。公元前637年9月，晋惠公去世，太子圉如愿当上了国君，史称晋怀公。太子圉的叛逃，惹得秦穆公老大不高兴。这年秋天，流亡在外十九载、时年六十二岁的晋公子重耳辗转来到秦国，秦穆公把本公族的五个女子嫁给了重耳，并设宴赋诗为其庆贺。年底，晋国大夫栾枝、郤縠等人听说重耳在秦国，暗中来劝重耳、赵衰等人回国，并说愿做他内应的人很多。于是，秦穆公就派兵护送重耳回到晋国，取怀公而代之，自此成就了春秋五霸之一的晋文公，秦晋两国又和好如初。

那些被"祸水"的红颜

红颜祸水的出处,没人能讲得清楚,但被判为祸水的红颜,却是知者甚众。较早的,如夏代的妹喜、商代的妲己、周代的褒姒、春秋时的息妫等。被称为"桃花夫人"的息妫,因美艳绝代,先后招致三个国家兵连祸结,其中两个国家分崩离析,其"祸"之大,堪称史上之最了。难怪有那么多古今名人为其赋诗填词,题记作传,写戏拍片。

息妫的事迹源于《左传》,此后的《吕览》《史记》《烈女传》等书也有记载,情节大同小异,或侧重于讥刺昏君,或侧重于褒奖节妇。历史原态大致是:蔡国的国君和息国的国君娶的都是陈国的公主。息夫人归宁路过蔡国。蔡侯得知小姨子过境,便拦下来接风。见面时,蔡侯的言行有失体统。息侯听说后不免恼火,于是就去挑动楚国惩罚蔡侯。他派使者对楚王说,请派兵佯攻我国,我向蔡国求救,待蔡国出兵时聚而歼之。楚王应息侯之请,一举打败了蔡国军队,抓走了蔡侯。蔡侯得知内情,咽不下这口气,就向楚王猛夸息妫的美貌。惹得楚王寻机灭了息国,将息妫带回楚国。

这样一段记载,除了说明春秋无义战之外,还能说明什么呢？这场战事看似女人引发，实则是男人挑起的，是那些驾驭战争机器的人，为满足自己的占有欲，蓄意把欲火升腾为战火的。触媒虽然是女人，但她们并无杀伐的意图。即便她们为了荣华富贵不惜以色邀宠、恃宠、争宠、专宠，也无意于刀兵，以至倾城倾国。就同夏亡于桀而非妹喜、商亡于纣而非妲己、西周亡于幽而非褒姒一样，蔡、息两国也是亡于国君之手。美人如美酒，能令人沉醉以至神魂颠倒，醉酒肇祸岂能罪酒？史上那些绝世红颜们，不过是"被侮辱与被损害的"战利品或牺牲品。换句话说，她们是被"祸水"的。

有人说，这种现象是中国独有的，在欧洲乃至西方并不存在，其实非也。人类自从走出母系氏族社会，男性地位逐渐上升，对女性的偏见就开始滋生。红颜祸水的观念在奴隶社会和封建社会最为流行，是男权社会的普遍现象，西方当然也不例外。柏拉图、亚里士多德、卢梭、叔本华、尼采等，都对女性持有不同程度的偏见。尼采甚至说："到女人那里去，别忘了带上你的鞭子！"这就不是一般的偏见了，而是含有侮辱成分的歧视。在西方文明源头的古希腊，红颜祸水的观念同样存在，丝毫也不亚于东方。许多人都知道潘多拉的故事，在希腊神话中，她是宙斯赐给人类的第一个女人，且在美貌、智慧、魅力、语言等方面多项全能。这个拥有一切天赋的女人来到人间，其使命并非为人类造福，而是传播灾难。在宙斯交给潘多拉的盒子里，装满了人世间所有邪恶和灾难，启封的后果是"洒向人间都是怨"。由此可见，潘多拉堪称是世界级红颜祸水的形象代言人。有史以来，世界上还有哪个女人比她带来的祸水更为严重？

郭小凌教授认为，至少从荷马时代开始，便形成了对女人的社会偏见，并发展为女人祸水论，妇女在男性知识分子眼中成了卑贱的工具。大众化的戏剧家和精英化的哲学家的作品中，不时重复着男性中心论及与之相关的歧视、鄙视妇女的陈词滥调，表明祸水论不但是流行的社会观念，而且是一种既定的传统观念。在荷马笔下，除了奥德修斯的妻子帕涅罗佩之外，对女人几乎没什么好评。他所塑造的海伦同样是一颗灾星，半是神话半是历史的特洛伊战争因她而起，十年围城，代价惨重。这时华夏大地正处于殷商末期，纣王帝辛灭亡后，其王后妲己被视为妖姬，看作祸水。

有意思的是，人类的先哲们在把美女看成是灾难载体的同时，又把她们看成是审美客体。那些绝代佳人在被视为灾星的同时，也是那个时代的明星。这看起来是个悖论，实则是对立面的统一。用一句形象的话说，罂粟花很美，但有毒。理性一点说，凡是美的东西，都具有杀伤力，绝世佳人当然也不例外。美的力量是无形的，却能战胜有形功利，拜倒在女神裙下的往往也是马上战神。否则怎么会有"英雄难过美人关""冲冠一怒为红颜"呢？更有意思的是，那些骂美女为"祸水"的人，并非都怕"惹祸"，自觉"避祸"，有些人骨子里更想"自取其祸""因祸得福"，最典型的例子莫过于楚庄王的大臣屈巫了。

屈巫，芈姓，屈氏，字子灵。楚庄王时，屈巫出任申公，因此又被称为申公巫臣。屈巫的一生，不仅与楚国的命运联系在一起，也与一个有着跨国婚姻经历的女子联系在一起。这个女子是春秋时期郑国公主，因嫁给陈国大夫夏御叔为妻，史称夏姬。御叔早逝，寡居的夏姬因与陈灵公和大夫孔宁、仪行父私通，导致灵公被弑，孔宁和仪行父逃亡楚国。楚国出兵干预，掠走夏姬。楚庄王兄弟二人都想纳娶夏姬，被屈巫以不义、不祥为说辞，连唬带吓地给劝住了，庄王就把夏姬赏给了丧偶的连尹襄老。转年，襄老在两棠之役中箭而亡，但却未能找到尸首。接下来，襄老之子又打后妈的主意，屈巫赶紧派人示意夏姬，回娘家去，我娶你！并派人从郑国召唤她说，襄老尸首可得，须她本人来取。夏姬将这个消息报告了楚庄王，庄王就问屈巫，屈巫说，这个消息是靠谱的，因为晋成公想通过郑国用襄老的尸首换回知罃。庄王就打发夏姬回到郑国。屈巫利用楚王派他出使齐国之机，路经郑国携夏姬逃往晋国，成为夏姬最后一任丈夫。

你看，这位以祸水为说辞劝阻别人远离祸水的人，自己却余勇可贾地蹚进了祸水，并为这段孽缘付出了沉重的代价。子反建议楚共王给晋国送礼，让晋不重用屈巫，楚共王没有答应，子反与令尹子重杀死了屈巫的族人。屈巫为报灭门之仇，建议晋国联合吴国不断骚扰楚国，使楚国国势日衰，吴国从此强大起来。屈巫的行径如果是早有预谋，那么他前番将夏姬说成是祸水，就是典型的酸葡萄心理。由此推开去，那些斥红颜为祸水的人，十有八九也有酸葡萄心理。

撒谎也被夸的牛人

相声里有个专用术语叫"现挂",意思是现编说词,专业一点说,就是临机应对,即兴表演。追溯起来,"现挂"的高手当属两千多年前的晏婴、淳于髡、东方朔等人,他们现场发挥的本事至今仍被传为佳话。

淳于髡乃战国时期东莱黄县(今山东省龙口市)人,主要活动在齐威王和齐宣王之际。淳于髡以博学善辩著称,是稷下学宫的元老,曾对齐国新兴封建制度的巩固和发展作出过重要的贡献。在司马迁笔下,他是一个"长不满七尺,滑稽多辩,数使诸侯,未尝屈辱"的传奇人物。别看他其貌不扬,官无定职,说出话来却常常语惊四座。

有那么一回,齐王派淳于髡出使楚国进献天鹅。没想到出了城门后,那只天鹅半路上飞了。他只好举着空笼子,编造假话对楚王说,我乘船载天鹅从水上经过时,不忍心它干渴,就放它出来喝水,不料它却飞走了。我想刺腹或勒颈而死,又怕引起人们的非议,说大王因鸟兽的缘故致使士人自杀。天鹅乃羽毛类飞禽,相似者很多。我想买一只替代,又觉得这是欺骗大王。想要逃亡别国,又痛心齐楚两国因此中断了交往。故而前来服罪,叩请大王责罚。楚王说,好啊,齐王有您这样的诚信之士。遂赐淳于髡以厚赏，财物比有天鹅奉献还多一倍。

你看，淳于髡不过略施小计，就掩饰了自己的过失，非但免除了责罚，而且不辱使命，既赢得了楚王信任，又获得了丰厚赏赐，可谓名利双收。可往深里一想，又不对劲了。淳于髡明明是谎话连篇，怎能称得上诚信呢？

在我国历史上，类似的人物和故事还有很多，而且于史有据，如苏秦、张仪、烛之武、蒯通、陆贾、东方朔等，仅发生在淳于髡身上就不止一回两回。一部《战国策》，记录的正是这类人物的行迹和策论，从头至尾都不乏谎言和骗术。那么，问题来了：撒谎骗人，就连小孩子也知道不好，历史上这些善于编造谎言的牛人，为何反而会受到史家尊崇，流传为千秋佳话呢？

为了聚焦观史，我们不妨先把军事家排除在外，因为他们的战略战术，离不开构设陷阱，迷惑对手，"一将无谋，累死三军"，没有阴谋不成兵法，没有骗术打不了胜仗，上兵伐谋，兵不厌诈也就无从谈起，《孙子兵法》与《三十六计》多半是教人设局的。

其次要把文学艺术家排除在外，因为没有虚构就没有文学艺术，也就没有古华夏的混沌、盘古、伏羲、女娲、后羿、嫦娥、夸父等，同样也就没有古希腊的宙斯、赫拉、波塞冬、狄蜜特、阿波罗、雅典娜等如此众多的东西方神话人物和故事。即便在后神话时代，那些浪漫而又生动的文学巨著，也都是编造出来的。巴尔扎克就曾声言，小说是"庄严的谎话"。宋玉说他在云梦之台见过"旦为朝云，暮为行雨"的巫山神女，曹植说他于洛水之滨见过"翩若惊鸿，婉若游龙"的河洛之神宓妃，我们在欣赏之余，大可不必去追究它是虚是实，是真是假，只要能给我们带来奇妙的感觉、动人的美感，就足够了。

最为人诟病的，莫过于政客，他们编造的假话，欺世盗名，祸国殃民，这里也排除在外。剩下来的大约就是那些智谋过人、巧舌如簧、纵横捭阖的牛人了，史称谋士、策士、辩士、说客，也叫纵横家。他们若受命或受雇一方诸侯出使他邦，便是使者、使臣。他们游说诸侯间，全凭嘴一张，无须动干戈，制胜在两楹，相继于朝，史不绝书。

要认清这些牛人的历史地位，必须将他们放到当时的大背景下加以总体观照。孟老夫子云："春秋无义战。"本意是说，礼乐征伐由天子代表国家作出决断，才合乎义。春秋时期"礼崩乐坏"，诸侯眼里没天子，动辄兵刃相见，是非正义战争。到了三家分晋后的战国时期，秩序更加混乱，有点实力的诸侯，都想征服别国，称王称霸。那些弱国小邦为能在夹缝中生存，不得不四处求援维稳，或是借助邻邦，或是加盟强国。强国之间的争斗也不能光动拳头，挑起战事必须说出个道道来，所谓师出有名，否则就会犯众怒，遭围攻。这样一来，大国也好，小邦也好，都需要有能人为其划策，为其争锋，为其斡旋，为其调停，以口才和智谋见长的纵横家便应运而生，有了用武之地。他们朝秦暮楚，奔走于四方之境；摇唇鼓舌，激辩于会盟之上；事无定主，献计于君王之侧。片言可得干禄，一语能步青云，昨日炊无米，今朝银满箱。

历史上那些纵横家们，虽无确切官衔，却大多不是等闲之辈。他们满腹经纶，足智多谋，儒道墨法名，阴阳纵横杂，九流十家，各显神通。在传播媒介有限、信息不够通畅的年代，谁能占据舆论先机，谁就能让对手闭嘴，令敌方收兵。或者说，只要你编的故事合逻辑，你说的道理能服众，君主称善，百官颔首，你就赢了。但并非所有纵横家都会受到世人称赞、史书好评，青史留名的是那些对公共建设和历史进程产生良性影响的仁人志士。他们智勇双全，善于分析和处理国家间的纷争，不单于己有利，而且于世有义。在《史记·滑稽列传》中，司马迁对淳于髡等人的讽谏才能和外交智慧给予了很高的评价，说他们"谈言微中，亦可以解纷"，同样也很伟大。

这些纵横策辩之士，为了表达自己的主张，通常会先编一个寓言或故事，取譬设喻，形象说理，以达建言献策、忠告规劝之目的。司马迁在记述"淳于髡献鹄"时说他"造诈成辞"，说白了就是编造假话忽悠楚王。其实，"造诈成辞"在这里并无贬义，只是说淳于髡善于随机应变。

司马迁搜集史料的时间，当在汉武帝元朔三年之后，虽然距离战国终结不算太远，中间只隔了一个历经二世的秦代，但司马迁距离淳于髡生活的年代却相距200多年。因此，他无缘得见淳于髡，也不可能采集到有关淳于髡的第一手资料，他笔下的淳于髡不排除民间传闻的记录。也就是说，"淳于髡献鹄"这件事，尽管不能证伪，但也不能完全当真。由此可见，司马迁选取淳于髡的这段轶事，意在赞扬淳于髡是个有智慧的人，能言善辩，应对自如，寥寥数语便能化解危机。至于淳于髡的言行是否有失诚信，也就在其次了。

耕耘与收获的不等式

许多哲人、智者、师长乃至成功人士,在谈及人生的感悟时,通常会引用那句人尽皆知的俗话:一分耕耘,一分收获。意思是说,耕耘与收获成正比例关系,有多少付出就会有多少回报。但在现实世界中,"耕耘=收获"这个等式常常遭到破坏。

孔子为了实现自己的政治理想,开馆授徒,著书立说,东奔西走,席不暇暖,满世界推销自己,年届高龄还在外漂泊奔波,并三番两次遭遇刀兵之厄,严重的一次竟饿了七天七夜,能挺过来多少有点侥幸。按照今天的标准,他老人家即使不能跻身政坛施展抱负,怎么说也能博得一个"德艺双馨"的美誉。可在当世,除了鲁国曾让他小试牛刀外,基本上没有得到重用。

类似孔子这样生前冷落身后名的人,古今中外都曾有过。希腊史诗的作者荷马,生前乞讨长飘零,死后九城争英魂;哥白尼早在1515年前就已写成"日心说"提纲,可《天体运行论》一书却直到他临终的1543年才出版;科学论证哥白尼日心说的伽利略,晚年却被罗马教廷判为终身监禁;后印象派大师梵·高,生前作品往往换不到一碗通心粉,那幅《鸢尾花》以天价拍出时,他已逝世了一百周年;现代派文学大师卡夫卡去世半个世纪后,世界上一次次掀起"卡夫卡热",其故乡才知道有这么一个作家;王小波生前鲜为人知,作品出版无门,死后却多次登上畅销书排行榜。他们辛勤一生,默默耕耘,却看不到应有的收获和回报,这让后世的人感到多少有些不公平,甚至会降低对成功的心理预期。

应该说,产生这样的念头是正常的。在人的一生中,理想与现实之间总是存在着一定的距离,或者说存在着许多可知的和不可知的难题。克服困难,缩短距离,有时并不完全取决于个人的努力。天生我材是否有用,还要看天时和地利。当你的创意、思想或产品还不能为时代所发现、所理解、所认可,当天灾或人祸切断了耕耘与收获之间的正常联系,秉承良好的动机、保持积极的心态固然可嘉,但你的主张不合时宜,才干派不上用场,爱拼不一定会赢,奋斗也就很难成功,耕耘与收获之间将不再是正比例关系。

孔子曾把时代划分为"天下有道"和"天下无道"两大类。在"天下有道"的年代里,仁人志士只要按照自己的良知行事,就会得到与自己能力相称的结果。在"天下无道"的年代里,要么选择退隐自保,要么选择妥协堕落。春秋战国时期,到处充满了拼杀和掠夺、投机和不公,社会规则和秩序遭到了严重的破坏,苍白的仁义道德不仅无力补天,有时还显得非常愚蠢和危险。孔子既没有选择妥协也没有选择退隐,而是坚持用修齐治平的道德伦理去改变礼崩乐坏的现实世界,这样的志向固然可嘉,但凭个人的力量去改变一个时代谈何容易，所以就只能走背字了。

耕耘与收获的等式遭到严重破坏时，孔子提倡的"明哲保身"当然可以拿来一用，可那也只是"好自为之"，难得有所作为。若要收获成功，实现人生的最大价值，就要学一学叔孙通，识时通变，曲线进身，虽然有辱名节，但却终成正果，被司马迁推崇为一代儒宗。这叫"大直若诎，道固委蛇"，通俗的说法是"要想出头扬名，先须低头逢迎"，说穿了，就是在职场耍滑头。这种见风使舵、投机取巧的行为，与历代文人信奉的"刚正不阿"理念大相径庭，自然难逃后世的鄙夷和诟病，为正统儒者所不取，并拒绝认他作同行。

既然上帝也有打瞌睡的时候，正义一时难得伸张，意欲有为的人不愿妥协又不甘退隐，那么，最简单的安慰良方就是从长计议。把耕耘与收获这个等式，放到一个较长的时间里去考量。现代术语就是用长远的眼光历史地看问题，把收获的希望寄托于未来，或者说"以时间换取空间"，老话叫作"善恶到头终有报"。欧洲中世纪宗教哲学家奥古斯丁（Aurelius Augustinus）曾列举了许多个案，试图证明，如若不计眼前而用一生的时间来看，正义与贞节到头来终归会得到补偿。

麻烦在于，命题中的"长远"有没有上限？如果公平正义之光迟迟不来照拂，兑现的希望遥遥无期怎么办？漫长的等待，旷日的坚守，对专注于学问、痴迷于技艺、献身于使命的人也许不是问题，但对芸芸众生来说，何时才是个头，又如何耗得起、等得及呢？要回答这个问题，恐怕只能求助于彼岸哲学了。在西方，有基督教的末日审判，在东方，有佛教的因果报应，或者是青史留名升天堂，或者是遗臭万年下地狱。而且，报应可以隔世，总有一天能够应验，让你在心理平衡之后接受暂时不平衡的现状。在佛祖或上帝面前，两手合十或单手画十，遥远的正义当下就能在心中成像。

从圣经和佛经可以看出，宗教的救赎功能，很大一部分是靠历史来实现的，历史的褒贬能够帮助上帝或佛祖完成公平正义的最后裁决，从而平衡耕耘收获，兑现善恶报应，解除众生痛苦。从这个意义上说，历史本身也是"宗教"。话已至此，我们再来审视以文本方式传世的史书，不论它是正史还是野史，或多或少都有劝世教化的成分，至于以史书为底本写成的演义、传奇和戏曲等，教化的成分就更浓厚了。说到这里，你还会不假思索地认同成功学之类的书刊编排的那些历史掌故吗？

文品与人品孰轻孰重

现今的人绝大多数都有文化，如果说一个人没文化，绝对是最尖刻的批评。本文所说的文人，不是泛指文化人，而是指古代那些靠笔墨济世行道的文化人才，包括以文进身的各级官员，也包括以著述立身的文史学者。

在我国古代，不论在察举制时期，还是在科举制时期，文官都是国家人才的主要组成部分。不论是在朝还是在野，都活跃着一大批文人。上层建筑中的文武百官，大都来自文人；社会名流和士绅，也多半出自书香世家和耕读世家。从主流上看，他们中的许多人，心忧社稷，体恤苍生，激扬文字，挥斥方遒，为推动社会文明进步，提出了利国利民的兴邦策论，创作了彪炳千秋的诗词文赋，发出了振聋发聩的正义呼声，谏阻了劳民伤财的施政举措。鲁迅曾高度评价说，即便是为帝王将相作家谱的所谓"正史"，也往往掩不住他们的光耀，这就是中国的脊梁！

作为一个群体，中国古代堪称脊梁的文人虽然很多，但良莠不齐的现象在所难免，瑕瑜互见的情形并非个案。瑕不掩瑜者倒也好说，最难评判的是那些德才相悖的文人。他们或被称作才胜于德，或被称作德逊于才，说白了就是文品上佳，人品较差。对这部分文人的考察评价，历来存在诸多分歧，至今也无定论。

由于中国传统文化积淀厚重，特别推崇名誉与节操，文人无行的现象只要一出现，就会遭到舆论抨击，并被写进各种纪实文字中，背上千古恶名。比如说柳永，其词作闻名天下，"凡有井水处，即能歌柳词"。金主完颜亮读了他关于东南形胜的词句后，竟然激起"投鞭渡江之志"。可在当世的文人圈子中，都认为他格调不高，朝廷也不待见，考取进士后又被刷掉了，到头来还是个"白衣卿相"。至于那些为功名所累的人，历史评价就更是毁誉参半了。例如，有美化王莽新朝之嫌的西汉文学家扬雄、在安禄山那里做过官的唐代诗人王维、投靠乱臣司马颖的西晋文学家陆机、出仕四朝十帝的南北朝文人庾信、因妒忌好友名高于己而诬陷苏东坡的沈括、乾隆御批"实堪鄙弃"的金代文学家元好问、降元为官的宋代书画家赵孟頫、先降李自成再降多尔衮的明末文学家龚鼎孳等。

其实，不论古今中外，对文化人才的评价，都有一定的难度。或者说，不是一时间、一句话就能界定清楚的。特别是对那些名气大而又能翻查出污点的文人，自古以来就有争议。除了文人的地位在不同的朝代起伏不定外，至少还有以下几个方面的原因。

其一，价值观所致。价值标准和道德尺度并非一成不变、万世不易的，而是随着时代的更迭和主流意识形态的变化有所调整。即使有古今中外公认的价值标准和道德尺度，也会因其成就和影响的大小，产生不同的评价。管仲背叛公子纠而辅佐齐桓公,孔子在回答子贡的疑问时,却是赞许的口吻,并不认为这是不仁。李世民手下的文臣中,有不少人都来自敌对阵营,他们改换门庭的行为算不算变节呢?每当改朝换代之际,面对突如其来的变故,宁死不为贰臣者毕竟是少数,总有一些文人仓皇失措,寻求自保。对于这部分文人的际遇,有人回护宽宥,认为是顺势应时之举;有人痛加挞伐,鉴定为厚颜无耻之尤。

其二,知名度所致。进入公众视野的文化名人,由于备受世人关注,其瑕疵也会暴露无遗。那种以为文人更容易失节,更容易堕落的说法,往往是因此而扩散开来的。其实,在中国古代的名人中,宁死不肯失节的文人很多,屈原、嵇康、阮籍、陶渊明、颜真卿、辛弃疾、方孝孺、顾炎武、文天祥、谭嗣同、朱自清等一大批有气节的名士,不都是文人吗?言行有误、节操不保乃至私生活放荡的,又岂独是文人?"此去乱离何日定,向来名节几人全?"在江山易主、与民更始之际,归附新生政权的何止是文人呢?据乾隆时期编纂的《贰臣传》记载,降清的明朝高官多达120多人,文士只有龚鼎孳、钱谦益等几人。

其三,期望值所致。人们对文人形象的要求,有很大的理想化成分,总以为作品好的文化艺术家,形象也差不到哪里去。特别是当他们成名之后,期望值就更高了。文人也是人,就像历史上那些英雄豪杰一样,他们也会因七情六欲而犯傻,难免有这样那样的过失。道德审判独独偏向文人,是不客观也不公正的。余秋雨在《白发苏州》中写到唐伯虎时,曾感叹地说:"人品、艺品的平衡木实在让人走得太累，他有权利躲在桃花丛中做一个真正的艺术家。中国这么大，历史这么长，有几个才子型、浪子型的艺术家怕什么！深紫的色彩层层涂抹，够沉重了，涂几笔浅红淡绿，加几分俏皮洒脱，才有活气，才有活活泼泼的中国文化。"

翻开世界文化艺术史你会发现，在那些不朽作品背后的文化巨匠，也不全然是圣人君子。他们的思想理念、品格节操、行为方式，或有逆于正统，或有异于世俗，或有悖于伦常，为时世所不容。可当若许年后，时过境迁，尘埃落定，人们对前世文人的评价就宽松多了。尽管在一些学术专著中，对他们的评价仍然存有较大争议，但在教材课本中，在普通读者中，人们主要依据其传世作品和文化成就说话，至于其人品如何，也就不大关心、不大计较了。

通才与专才各显其能

熟悉梨园掌故的人都知道，在古戏台上，两侧各有一道边幕，象征演员上下场的两道门。从观众方向看，左侧为上场门，绣有"出将"二字；右侧为下场门，绣有"入相"二字。这两道门楣的本意是：出征能拜将帅，入朝可为宰执。这当然是封建时代最为理想的前程，最为辉煌的成就。古装戏舞台正是借用这一彩头，来为演员上下场通道命名的。

能做到出将入相的古代人才，是否德才兼备且不论，但必须是文武双全的人，如姜尚、吴起、王猛、范蠡、曹操、诸葛亮、李靖、王阳明、曾国藩等。其中，李靖是个代表人物，王珪评价他"才兼文武，出将入相"，得到唐太宗首肯。有人说他们是全才，其实不然，从古至今，无所不知、无所不能的全才是没有的。从横向上说，知与能没有边，任何人倾其一生精力也学不完；从纵向上说，知与能没有底，持续不断在更新，且周期越来越短。所以庄子慨叹"吾生有涯，而知也无涯"。姜尚韬略过人，但神话色彩很浓，即便在传说中，一个法术可慑鬼神的人，连笊篱、面粉都卖不出去，能说是无所不能吗？范蠡从政政通，经商商活，也有资料证明说，他不是一个好父亲。以不世之才自诩的李白，被杜甫夸为"斗酒诗百篇"，却不擅为官之道。尽管他曾"仰天大笑"奉诏进京，放言"我辈岂是蓬蒿人"，但终究未能"申管晏之谈，谋帝王之术"，供奉翰林没多久，就被炒了鱿鱼，只好游历山水，专一抒发他的诗情去了。法国无神论代表人物高尼罗曾质问："上帝能造出一块他自己举不起来的石头吗？"这虽然是个老掉牙的悖论，却也说明，上帝也不是万能的。

按照辞典的解释，只有无所不知、无所不能的人才称得上全才，多才多艺的人则被视作通才。在我国古代，被誉为通才的人倒是很多，对他们的评语大多是"学富五车，博古通今"。由于那时知识的分类是粗线条的，四书五经的内容主要是文史，六艺的门类与四书五经相仿，即便加上乐（音律）、射（弓矢）、御（驾车）、数（算术），天文、地理、建筑、书画、兵法、医术等还不包括在内。在我国古代，文武兼备就算是通才了，也是用人的理想标准。孔子主张"君子不器"，似乎有鄙视专才之嫌。其实不然，他的意思是说，君子不能像有形之器那样功用单一，而要掌握通达的无形之道。只有这样，才能驾驭全局，担当起治国平天下之大任。孔子如果鄙视专才，为何还要传授六艺？

社会发展既需通才也要专才，器与不器都是经世济用之才，就看放在哪个位置上。一般来说，古代的能臣良将、大家名流多半是通才，但也有不少专才。在朝的如翰林待诏、国史编修、参军簿记等，或者是太医御厨、司历太卜、乐正伶官等，均属服务于国家的专门人才。在野的专才，大多是文人、艺人、商贾和工匠等。这些人，或科举落第，屡试不中；或仕途失意，归隐山林；或遭逢乱世，耕读持家；或无意官场，发家致富；或潜心技艺，不求显达；或漂泊江湖，卖艺为生。有些民间艺人的专精程度，甚至已到了神乎其技的地步。如，欧阳修笔下的卖油翁，能让油滴沥过钱眼而钱不洗；庄子笔下的庖丁，能够目无全牛而游刃有余；林嗣环笔下的口技高手，能把一家人夜间遭遇的变故模拟得生动逼真，令人如临其境。

相比较而言，历史跨入近代以后，通用型人才逐渐少了，专业人才逐渐增多。其中一个重要原因，就是自然科学突飞猛进，学科分类越来越细。即便在人文科学领域，专业化趋势也愈益突出。与此同时，就业的难易和收入的高低，也已成为青年学生选择学业门类的风向标。尽管学科间的联系越来越紧密，渗透越来越深入，最终成果取决于综合科研，但那也是在个人专业突破的基础上多人合作完成的。从当今两个文明发展的需要来看，专才与通才同等重要，专业领域当然需要专才，但因社会分工不同，统御和协调各个专业的领军人物最好是通才。其道理是显然的，通才更能胜任全局性工作。

机遇与知遇如何相遇

机遇与知遇，粗看差不离，均属可遇不可求范畴，皆为偶然的客观因素。细究起来也有区别，机遇靠抓，知遇靠碰。

机遇泛指有利的时机和舞台，通常被理解为时运。其实，仅有时机和舞台还不够，人的因素不可忽略。古人将天、地、人合称为三才，天时、地利、人和均占，才是完备的机遇。人才所以能经世致用，都离不开这三大要素。古人为什么又说"天时不如地利，地利不如人和"呢？因为"人和"乃人心所向，决定大业的成败。若能得遇众望所归领袖，并被其赏识和重用，对于贤能之士来说，那就是知遇之荣了。如此说来，机遇和知遇，抓中有碰，碰中有抓，若能兼而得之，无疑是最为理想的前程。王国维的人生三境界之说所以为人津津乐道，妙谛也在于此。

诸葛亮避乱荆襄，高卧隆中，并非像他在《前出师表》中说的那样，"苟全性命于乱世，不求闻达于诸侯"，而是暂借南阳之利，躬耕修学，静观天下，待机而出。王猛宁肯身困泥途，也不慕一时荣华而随桓温南下，继续隐居读书，为的也是等待更能施展抱负的机遇。他们后来，一个被刘备雇请，一个为苻坚所用，各自成就了一番大业，均被后世传为佳话。

机遇与知遇两全，看来是美谈，得来却并非纯属因缘巧合。这世上，人人都想抓住机遇，个个希望遭逢知遇，但这机遇爱不爱你，知遇敲不敲你的门，就另当别论了。机遇也好，知遇也好，需要客观促成，更需主观努力。正如巴斯德所云，机遇只偏爱那些有准备的头脑。

唐代诗人高适，虽说生于官宦之家，但因家道中落，年纪轻轻就备受穷困所累。可他穷且益坚，不坠青云之志，不沉沦，不颓废，一边读书，一边习武，学问和剑术日益精进。于是仗剑远游，广交朋友，增长阅历。赴京求职无果，仍不气馁，又东去梁宋，客居宋城，躬耕自给。而后北上蓟门，从军参战，却无进身之机。开元二十三年，高适赴京应试，结果落第而归。居宋城期间，高适得遇李白、杜甫，诗名大增。天宝八年，高适被张九龄之弟张九皋荐为丘尉。尽管已有俸禄在身，但高适总觉得舞台逼仄，难酬鸿鹄之志。于是痛下决心，辞职另谋。天宝十一年，高适再赴长安，有幸走进哥舒翰大营，掌任书记。安史之乱后，唐玄宗征召哥舒翰讨伐叛贼，命高适为左拾遗，后转任监察御史，辅佐哥舒翰守潼关。哥舒翰兵败，高适请求竭尽宫中之宝招募勇士抗贼，为时未晚，玄宗却没能采纳。及至安禄山兵临城下，玄宗只好西逃。高适抄小路追上后，详陈失陷因由，玄宗对他的远见卓识非常赞赏。不久，高适迁任侍御史，继而擢升谏议大夫，备受朝廷倚重。一个落第文人，能够成就大业，这在唐代并不多见，因此，《旧唐书》评价他说："有唐以来，诗人之达者，唯适而已。"唐玄宗曾有圣谕云："侍御史高适，立节贞峻，植躬高朗，感激怀经济之略，纷纶赡文雅之才。长策远图，可云大体；说言义色，实谓忠臣。"所谓知遇，不过如此吧？

　　《孔子家语》有云："夫遇不遇者，时也；贤不肖者，才也。""芝兰生于深林，不以无人而不芳。君子修道立德，不为穷困而败节。"天生我材必有用，大器何愁无人赏。你若真的是个人才，终会脱颖而出。你若只是个银样镴枪头，就不必徒叹怀才不遇了。

知人善投的三国英才

知人善投与知人善任具有双向互动效应，表现为求职择业的智慧与察人用人的眼光。两者若能相契共鸣，就堪称是珠联璧合了。一个有才华的人，最大的愿望就是显身手、展抱负，为此，既需要一个广阔的舞台，更需要一个拥有这个舞台的明智掌门，赏识你的才艺，发挥你的能量。倘若遇人不淑，那就要及早抽身，另谋高就。否则，就是不识时务，明珠暗投，甚至遗恨终生。大唐才子陈子昂的名句"念天地之悠悠，独怆然而涕下"，抒发的正是怀才不遇、英雄末路的心境。

三国时期的郭嘉与贾诩，早期投奔的都不是明主，后来察知志有不得，便果断改换门庭，各自成就了一番事业。

在三国名人榜上，郭嘉虽然不到三十八岁就去世了，但他留在历史天空的超然才气，却仍在熠熠生辉。想当初，二十多岁的郭嘉来到邺城，供职于袁绍帐下，袁绍对他礼遇有加，待遇优厚。可当他发现袁绍这个人"欲效周公之下士，而未知用人之机。多端寡要，好谋无决，欲与共济天下大难"时，便毅然离开邺城，尽管袁绍当时正处于事业的巅峰，许多有识之士都看好袁绍。这一去，转眼就是六年时间，各路豪杰都在招贤纳士，但郭嘉有自己的眼光和志向，非成大事者绝不降纡屈就。这时的曹操求贤若渴，正在广揽天下英才，荀彧便将郭嘉推荐给了曹操。这两人碰到了一起，谈得十分投机，真正是相见恨晚。于是乎，一个幸遇深谋远虑的雄霸之主，一个喜纳足智多谋的奇佐之才，一个如虎添翼叱咤风云，一个如鱼得水优游自如，共同演绎了三国时期一出出蔚为壮观的活剧。

贾诩比郭嘉年长许多，入幕曹营时间虽晚，但其眼光和谋略与郭嘉不相上下，风格却比郭嘉镇定而又老辣。董卓被杀之后，汉室内讧，天下大乱。贾诩不得以辞官来到安南将军段煨门下。段煨深知贾诩在军中威望很高，表面上对贾诩礼遇有加，但内心却生怕贾诩抢了自己的风头，取代自己的位置。这让贾诩很不自在，于是转而投奔张绣。贾诩离开段煨，段煨反倒自在了，而且把贾诩的家人照顾得很好。张绣也很高兴，难得有这么一个高智商的谋士来辅佐自己。而这一切，都在贾诩的意料之中。出人意料的是，贾诩在为张绣出谋划策并大胜曹军后，不但劝阻张绣同明显强势的袁绍结盟，反而说服张绣加入处于劣势的曹操阵营。凭什么呢？远见！因为贾诩看出，袁绍虽强，但心胸狭隘，难成大事；曹操虽弱，却志在四海，有王者之风。

郭嘉与贾诩，应该说是历史上知人善投的典范。按照古人的说法，这叫"良禽择木而栖"，按照今人的诠释，这叫"选择比努力更重要"。俗话说，"男怕入错行，女怕嫁错郎"，道理也在于此。其实，每一个人的一生都是由许许多多的选择构成的,这其中不可能没有一时的误判和失算,关键在于,你在新的机遇面前,站得高不高,看得远不远,能不能及时校正偏差,再次作出理智的选择。对于求职、择业乃至成就一生崇高理想的人来说,勇于改变自己的初衷,重新选择高难度的目标,需要承担失败的风险,唯其如此,前程才会更加锦绣,生命才会更加绚烂。

魏才秦用的双重后果

公元前225年,战国七雄之一的魏国为秦所灭。国家统一系历史潮流,乃大势所趋。问题是,统一天下的为何是秦而不是魏?或者说早灭亡的为何是魏而不是秦?

我们知道,自春秋始,秦穆公就开始参与中原争霸,可那时的秦国却心有余而力不足,上百年间几无胜场,只得重温秦晋之好。到了战国时期,魏文侯以李悝为相搞变法,拜吴起为将拓疆土,秦之西河尽归魏国所有。秦简公、秦惠公屡欲夺回失地而未果,反被吴起攻入关中。秦孝公上台后,视河西被夺为国耻,颁布了言辞恳切、赏格诱人的求贤令:不论是外来客卿还是本邦臣子,只要你有良策能让秦国强大起来,均可授予高官,列土封疆。正是在这样的背景下,那个后来成大事被封于商的卫鞅才来到秦国。

卫鞅之所以弃魏投秦,是因为魏惠王既不了解他,也不看好他,更谈不上重用他,而秦孝公求贤若渴的诚意有望让他实现治国平天下的远大抱负。

说起来,卫鞅并非离开魏国的第一人,也不是最后一人。自武侯末,到魏国亡,其间有不少经世之才相继流失,如吴起、张仪、孙膑、乐毅、范雎、尉缭、信陵君等。这些胸有大略之人，有的是用兵良将，有的是治世能臣，有的事魏有功，有的宏图待展，可惜魏国未能留住他们，这些人才或是被诬陷、迫害，或是被排挤、弃用，以致原本人才济济的强魏星光暗淡，国势日衰，终至倾颓。正是基于这样的分析，后世学者才提出了"失才亡魏"的概略性论断。

想当年，魏国初立，土地资源、人力资源以及周边环境都不是很优越，之所以能迅速崛起，成为战国时期首位霸主，得力于魏文侯礼贤下士，重用李悝、吴起、乐羊、西门豹、子夏、翟璜、魏成等人，并采取一系列富国强兵的方略。魏文侯诚信立国、尚贤任能的事迹成为明君治国的一个经典样本，一向为后世帝王所推崇。

战国时期最先崛起中原的魏国，对齐楚秦三强静则能制，动则能胜，其势远非其他诸侯可比，已初步具备平定天下的实力。吴起、孙膑、乐毅、张仪、范雎、卫鞅、信陵君等这些难得的能臣良将，都曾看好魏国，有心助魏成就大业。怎奈文侯的后继者未能善待他们，以致魏国百年霸业因失去柱础和栋梁而破败。《一统天下本非秦》的作者佳桐说，上述七人，得一人即可居安一方，用三人即可称霸天下，何况整整构成一组"北斗七星"？

从朝代更迭的历史周期律来看，导致国家兴亡的原因非止一端，但根本的要素就那么几条，而且，起决定作用的通常是内因，外因只有通过内因才能起作用。所以说，"灭六国者，六国也，非秦也"。杜牧在《阿房宫赋》中发出的这声浩叹，不知警醒了古往今来的多少统治者。明末

魏才秦用的双重后果

清初思想家唐甄在《潜书·用贤》中指出:"盛世常见多才,衰世常患无才。"人才流失固然不是魏国灭亡的直接原因,但人才流失使魏国的运势由盛转衰却是不争的事实。况且,魏国失去的不是檩条和砖瓦,而是栋梁和柱础。如果吴起不被排挤出走,秦在军事上很难同魏抗衡;如果卫鞅留魏变法成功,强盛的就不是秦而是魏;如果范雎不被诬陷逃离,"远交近攻"策略就会为魏所用;如果张仪能在本籍受到重用,魏国在外交上必定稳操胜券;如果信陵君不被疑忌弃用,秦国怎敢毫无顾忌地攻打魏国……

当然,历史是不容假设的。但是,通过这样的推导,我们至少可以看出高端人才的关键作用。需要界定的是,所谓高端人才,是指关系国家命运大局的高层决策者:一是事关社稷兴衰的国事主宰;二是事关战争胜负的军事将领。在人力资源中,高端人才的重要性是毋庸置疑的:为政,能够富民强国;用兵,能够克敌制胜。秦国顺应历史潮流,兼并六国,统一天下,凭的是什么呢?归根结底离不开人力和物力,而人力和物力的增强,仍然要靠广纳贤才。商鞅变法,为秦国带来了雄厚的综合实力;范雎献策,为秦国制定了"远交近攻"的谋略。有了这两项为基础,秦国扫平六合的大计才有可能顺利实现。

三国史学家谯周,在论及魏国灭亡的原因时说:"所谓天之亡者,有贤而不用也,如用之,何有亡哉!"魏惠王与齐威王比宝的故事,足以说明魏惠王重物轻人、"缓贤忘士"。吴起、孙膑、张仪、卫鞅、乐毅、范雎、信陵君、尉缭这些响亮的名字,都曾影响过战国时局的走势,却未能得到魏国后继统治者的善待和重用，他们只好改投秦齐楚等诸侯国寻求用武之地。具有讽刺意味的是，被魏国逼走他邦的高人都狠狠地教训了魏国一把。这也说明，人才的流失不是单向的加减法，其后果具有逆向叠加的效应。魏才秦用，魏衰秦盛，此消彼长，终至沦亡，教训殊为深刻。

坐而论道的古代智囊

先秦时期有一部工艺百科全书叫《考工记》，内容是对全国各行各业及其发展水平进行考察和总结。这部典籍，将国家通行的职官和行业分为六大类，即王公、士大夫、百工、商旅、农夫、妇功。其中，百工是指手工业，妇功是指纺织业。

《考工记》开篇写道："坐而论道，谓之王公；作而行之，谓之士大夫。"意思是说，坐在那里论述治国之道的是王公，动作起来执行治国之道的是士大夫。这样的说法，放在当下有些不好理解，因为"坐而论道"如今被看作是不办实事的代名词。其实，在《考工记》里，"坐而论道"是对王公职能的概略性表述，并无批评的意思。可以设想，君王与公卿大臣们坐在一起共商国是，再正常不过了，怎么会是贬义的呢？可以说，每一个王侯的身边，都有一班子"坐而论道"的人，就连县吏的身边还有一位师爷呢。在那些得天下、开盛世的帝王身后，必定有一位或者说至少有一位"坐而论道"的谋略高手。

当然，"坐而论道"是务虚，但务虚并不等同于空谈。朝廷也好，府衙也好，部落也好，家族也好，为了生存和发展，都必须先谋而后动，否则就会因盲动、冒进而失误甚至败落。"坐而论道"不是空发议论，而是面对时局和难题，进行分析与判断，探讨和谋划应对之策，是知兴替、明得失、出主意、想办法。如此说来，"坐而论道"类似于协商性、开发性的研讨会或高层论坛。推而广之，从古代的幕府到现代的政策研究室，乃至当今兴起的咨询公司和智囊团（智库），参与其间出谋划策的人不都是在"坐而论道"吗？

"坐而论道"的要义，不在于"坐而论之"，而在于"论之有道"。这就既需要资格，更需要本事。因此，参与"坐而论道"者多半不是平庸之辈。如姜尚、范蠡、张良、孔明、贾诩、郭嘉、王猛、李泌、刘基者流，看起来不过是口舌之劳，却能"运筹帷幄之中，决胜千里之外"，靠的是震古烁今的大智慧，因此被人们誉为将才、帅才、谋略之才、奇佐之才。战国时期田齐创立的稷下学宫，兴盛时期曾汇聚了天下贤士多达千人，这里不仅是学术争鸣性质的高等学府，还是智囊智库性质的询议机构。其中，孟轲、淳于髡、申不害、邹衍、田骈、鲁仲连、荀况等，都曾在此"坐而论道"，他们的学术思想不仅促进了当时的思想大解放，推动了社会开化，而且对中国学术思想的发展产生过深远的历史影响。

自古而今，向有"一言兴邦"的说法，且不乏说服力的史实加以佐证。如，庄子"巧论三剑"，让赵文王心悦诚服地戒除了好剑误国的不良嗜好。再如，孙膑出谋划策，不仅让田忌在赛马中赢得千金，而且在桂陵之战和马陵之战中一再出奇制胜。又如，魏征犯颜直谏，寥寥数语，就使唐太宗收回了增加赋税、低龄征兵等劳民伤财的诏命。而战国四公子门下的那么多食客，也并非都是吃闲饭的，他们中的优秀者，关键时刻献计献策，大显神通，都不同程度地影响了当时的社会历史进程。

所谓"一言兴邦"，当然不是一句话那么简单，也不宜片面夸大个体智慧的威力，但它至少告诉我们，"坐而论道"的建言献策之举，或能影响大政方针的制定，或能左右战役征伐的胜负，或能纠正治国理政的偏差，或能革除社会运行的弊端。有道是"良策足以发聋振聩，妙计能敌千军万马"。

有鉴于此，我们在治国理政、发展经济、振兴科技等方方面面，不仅要重视加强理论和学术建设，更要重视加强咨询和智库建设，培养更多的理论与实务相结合的谋略人才和群体，依靠集体的智慧，积极推动社会的文明和进步。

纵横捭阖的古代说客

上文提到,坐在那里共商国是、治国理政的王公大臣是人才。还有一些游走于诸侯之间的说客,他们算不算人才呢?

在我国古代,嘴上功夫了得、擅长折冲之道的人,通常叫说客,或称之为纵横家。充当说客的人,不但谈锋凌厉,而且绝顶聪明,尤为具备临场发挥的机智。历史记载的那些伶牙俐齿的说客不胜枚举,如晏婴、毛遂、苏秦、张仪等。特别值得一提的是孔子的学生子贡,他不过偶尔做了一次说客,却收到了意想不到的功效。

春秋时期齐国的大臣田常,准备借攻打鲁国来扩张自己的势力。孔子得到消息后,派得意门生子贡前往齐国进行外交斡旋。没想到,在子贡极力说服田常的过程中,吴国、越国、晋国的利益陆续牵扯了进来。不得已,子贡只好一路奔波下去。游说的结果竟然一举数得,不仅让鲁国得以保全,还促成了齐国乱、吴国亡、晋国强、越国称霸的联动效应。用司马迁的话说,"子贡一使,使势相破,十年之中,五国各有变"。当然,子贡的成功,靠的是充分利用各国之间的矛盾,但这口舌之功确也不可小觑。

春秋战国时期多元的文化取向是与多元的政治格局相伴而生的。对五霸七雄而言，口舌上的争锋并非孤立存在，而是干戈上争霸的必要补充。战车因冲撞秩序而雄起，策论因左右君王而走红，铁骑践踏了规则，说客消弭了烽烟，强权与谋略、兵法与辩术、征伐与游说，遥相呼应，密切配合，酝酿着一个个剑拔弩张的强国故事，演绎出一场场惊心动魄的壮观活剧。

口舌之于人，不仅是饮食吐纳、社会交际的工具，也是谋求生计、施展抱负、开创事业的本钱。事实上，不论过去还是今天，能说会道的人总是受欢迎的。就拿如今选拔公职人员的程序来说，笔试之后有面试，而面试成功与否，很大程度上取决于敏捷的思辨应对能力和流畅的口头表达能力。

人们之所以看重口才，除了它具有功利层面的优势外，还因为它能发挥物力难以发挥的作用。口舌的威力有时胜过拳脚，优于刀枪。有道是"一人之辩，重于九鼎大吕；三寸之舌，强于百万雄兵"。古时张仪、苏秦者流，正是凭借三寸不烂之舌，雄辩巧谏，拜相封侯，"不出樽俎之间，折冲千里之外"，将口舌之勇演绎到极致。即便在今天，因口才好而使事业如虎添翼者也大有人在。口才不仅能增强思辨力、说服力，扩大影响力，还可以转化为生产力和战斗力。

但是，在口才与人才问题上，我们应坚持两点论。一是不能把擅长辞令的人都说成是耍嘴皮子的。能说会道不等于油嘴滑舌，能言善辩不等于巧言令色。言论虽属务虚，但也不见得就是空谈，否则何来"言之有物""一言兴邦"呢？作为语言表达能力，口才本身并不具有道德属性，关键是看什么人用，用在哪里，如何运用。二是不能过分崇仰口才，倚重辞令。中国演讲学教授邵守义认为，是人才未必有口才，有口才必定是人才。但如果唯口才是举，以口才取人，就会在用人问题上产生误导，让那些夸夸其谈的人钻空子，使那些埋头苦干的人受冷落，以至于华而不实之风盛行。仅仅是因为一次工作汇报，就受到前来调研的领导赏识，不久后擢升要职，从此青云直上。这样的事例发生的几率尽管不高，却也并非个案。因此，选拔任用人才要坚持德才兼备，重口才不唯口才，选口才也选干才，既要看表达能力，又要看实际能力，更要看综合素质。

外籍人才助秦国成就霸业

自平王东迁后，周王室掌控天下的能力逐渐下降，各路诸侯开始明争暗斗，强者想当老大，弱者但求自保，历史就此进入了春秋战国时期。几个回合拼杀下来，那些有点本钱的诸侯王感到，单凭蛮力相搏，一时难以奏效，于是转而搜罗人才。这时，历史舞台上呈现出一幅鲜明的画卷：前方争夺城池，后方争夺人才。

在这一特定的历史环境下，人才的流动完全不受疆界和部族的限制，楚国的人才可以为晋国所用，晋国的人才可以为秦国所用。那时的文臣武将，选择诸侯的自由度很大，今天还在秦国供职，明天说不定会跑到楚国效力，根本就没有"从一而终"这一说。

既然大家都想招兵买马，自然就会形成人才交流的自由市场。由于堪称奇才的人物供不应求，使得这个市场一度成为卖方市场，这对诸侯王来说，不花一定代价，不下一番功夫，难得群贤毕至。发生在这一时期的招贤典故很多，如，燕昭王筑黄金台、"战国四公子"养士等。其中，能够长久坚持并最终襄助一统天下的是秦国广揽外籍人才的"客卿"制度。

在西周时期，秦还是个西北边陲的小部族，后因派兵赶走了威胁周室的西戎，才引起周天子的垂顾，被特许称侯，并可以在那些蛮荒的边塞地区拓展疆土。经过数代君主的努力，到了穆公手里，秦国虽然小有名气，但仍难与齐、晋、楚等国比肩。秦穆公深知，要想发展，必须打破地域观念，不拘一格引进人才。

当秦穆公得知在楚国为奴的虞国老农百里奚是个难得的人才，就用五张羊皮把百里奚换了回来。秦穆公与百里奚颇为谈得来，想拜他为相国，百里奚谦辞不受并推荐了宋国的蹇叔。经过一番周折，不仅请来了蹇叔，连他的两个儿子也一起请来了。随后，蹇叔被拜为右相，百里奚被拜为左相。接下来，他又将西戎的由余纳为上卿。正是在这一干外来人才的辅助下，秦国才在大西北站稳了脚跟，奠定了霸主的基业。

秦孝公继位后，以情辞恳切的"求贤令"昭告天下，吸引了不少东部士子前往秦国。卫国的商鞅入秦后实行变法，使秦愈发强盛起来。商鞅死后，惠文王继续任用外籍人士，拜魏国的张仪为相，采用连横的方针，削弱了其他六国的力量。在秦国发展的关键时期，秦昭王更是任用了一大批外籍人士治国，使秦成为七国中最强的一方诸侯。秦庄襄王任用的吕不韦、秦始皇任用的李斯，也都不是秦国人。这些被拜为"客卿"、享有优厚待遇和特权的外来人才，使得秦国的政治、经济、军事和文化都有了长足的发展。

在用人制度上，秦国的"客卿"制度敢于突破宗法格局，大胆起用外籍人士，这无疑对秦国的崛起有重大影响。

史上最成功的文化炒作

英国小说家、戏剧家威廉·萨默塞特·毛姆,常以客观、冷静甚至挑剔的态度审视人生,讽刺和怜悯意味很浓,在国内外拥有大量读者。有则故事说,毛姆在成名之前,其小说无人问津。为穷困所迫,他只好用最后一点钱,在报上刊登了一则启事:本人是个年轻有为的百万富翁,喜好音乐和运动。现征求同毛姆小说中女主角一样的女性共结连理。广而告之后,毛姆的小说很快就卖光了。

讲述这段故事的人认为,正因这一独创性炒作,改变了毛姆的命运。如果上述广告真是毛姆所为,窃以为是不可取的,因为这无疑是在编造谎言欺骗读者,毫无诚信可言,算不上独创性炒作。历史上真正富有创意的文化炒作,发生在公元前239年的秦都咸阳,主人公是一位政商合一的高手,名叫吕不韦。

秦王政八年的一天,咸阳城门前聚集了众多仰头围观的路人。只见城门上挂出一排书简,并有千金悬赏。布告说,"延诸侯游士宾客有能增损一字者予千金"。

这部书简就是被誉为杂家之首的《吕氏春秋》,亦称《吕览》。据《史记·吕不韦列传》记载,那时,魏有信陵君,楚有春申君,赵有平原君,齐有孟尝君。他们都礼贤下士,结交宾客,并以此互争高下。吕不韦认为,秦国这么强大,这方面却不如人家,岂不丢脸?于是也广招天下文人学士,给以优厚待遇,以至前来的食客有三千之多。当时,诸侯中很多像荀况那样的能言善辩之士,著书立说,传布天下。吕不韦就让他们各录所闻,各抒己见。然后汇编起来,分为八览、六论、十二纪,共计二十多万言。

为了让这部书能够名动天下,为更多的人所闻知,于是就出现了上述一幕。消息传开后,人们蜂拥而来,果然无人改动一字。其实,再完美的文章也有可改之处,只是时人慑于相国权势,不敢僭越罢了。尽管如此,吕不韦创造的这一轰动效应,还是让《吕氏春秋》很快传遍四方,成功地扩大了自己的影响,堪称"奇货可居",足以扬名立万了。

于是,有人联系到周天子镇国之宝"皓镧"的传说和吕氏对异人子楚的"包装"过程,把吕不韦说成是我国最早的投资经纪人和最成功的文化传播人。这当然是用现代眼光和穿越手法去戏说古代人事,但吕不韦这一举措本身,仍然称得上有创意的文化事件而载入史册,成语"一字千金"就此成为千秋佳话。在日常文化交流中,我们经常引用的名言警句、寓言掌故,有许多也来自《吕氏春秋》。至今,只要提起"一字千金"这个成语,人们就会想到吕不韦和他组织编纂的《吕氏春秋》。由此说来,把它看成是一次成功的文化炒作,也就顺理成章了。

这部皇皇巨著,"以道德为标的,以无为为纲纪,以忠义为品式，以公方为检格，与孟轲、孙卿、淮南、扬雄相表里"，且"兼儒墨，合名法"，博采众长，兼容并包，取精用宏，融汇百家。从政治、经济、军事、农耕，到外交、伦理、道德、修身，乃至天文、历法、地理、乐律、术数等，涉及诸多领域，涵盖各个方面。全书富含天地万物、古往今来之事理，既有哲学思想，又有文化理念；既有指导作用，又有教化功能；既是对先秦诸子思想进行总结性述评，也是为秦统一天下大业进行舆论准备。司马迁在《报任安书》中云："盖西伯拘而演《周易》；仲尼厄而作《春秋》；屈原放逐，乃赋《离骚》；左丘失明，厥有《国语》；孙子膑脚，《兵法》修列；不韦迁蜀，世传《吕览》；韩非囚秦，《说难》《孤愤》；《诗》三百篇，大抵圣贤发愤之所为作也。"这样的评价，不仅把《吕氏春秋》纳入圣贤之作，而且位列传世经典。

史上最悲催的著作权案

古往今来,在我国流传着许多祖传秘方或独门秘笈的传说,有的因传承纠纷还卷起过诡谲的江湖风云,并演绎为情节跌宕的武侠传奇。不过,这里说的秘方则是另一回事。话说宋国有一户以漂洗丝絮为业的人家,善于调制防皲裂的护肤药。有人听说了,就以百金的高价请求收买这个秘方。这户人家聚集起来商量说,我们家世代以漂洗丝絮为生,所得不过数金,如今凭技术一下子就可换得百金,还是把药方卖了吧。那人得了药方,就用它去说服吴王。适逢越国发难,吴王就让他去领兵。冬天里跟越军在水上交战,防皲裂药物派上了用场,大败越军,吴王便赏了他一块封地。

这是庄子向惠施讲述的一个故事。意在说明,同一件东西,用在不同地方,效用大不相同。如果我们跳出这个故事给定的寓意,从社会经济学的角度看问题,就会发现,这或许是我国最早的知识产权案例了。尽管那时还没有知识产权这个词汇,但从祖传秘方的传承机制可以看出,我国古人的专利保护意识还是很强的。庄子原文中有"鬻技"一词,用现在的话说,就是出卖技艺。由此可见,早在两千多年前，我国劳动人民就把民间技艺视作无形资产，既有使用价值，也有交换价值，那个肯出高价购买防皲裂技术的人，无疑是看出了这种技术的价值所在。

知识产权这一概念生成较晚，追溯起来，知识产权制度最早萌芽于文艺复兴时期的意大利。1474年3月19日，威尼斯元老院通过了首部批准和保护专利的成文法，这是世界第一部接近现代意义的专利制度。不过，这还只是知识产权制度的前身。作为智力创造成果的保护，完整意义上的知识产权概念，是在1967年《成立世界知识产权组织公约》签订后，才得到世界上大多数国家的认可。在我国古代，由于统治阶级对属于私权领域的知识产权毫无兴趣，再加上"轻利重义"的文化传统和社会风气的影响，知识产权保护问题一直没有进入国家立法的视线，也不可能制定完整的法规。因此，那时的国家和政府，是不可能重视对知识产权的保护的。但是在民间，自发地保护专利权的意识和行为还是存在的。祖传秘方之所以能世代相传而不外泄，其中必有一套严密的保护措施。

除了民间技艺的专利权外，属于知识产权范畴的著作权问题，同样存在于古代的文字领域，否则就不会有"活剥王昌龄，生吞郭正一"之说。像张怀庆这样的"文抄公"，既非空前亦非绝后，历朝历代都有。1933年5月，胡适悉心考证了《真诰》后发现，该书有多处是从《四十二章经》中抄来的。胡适以为自己侦破了一桩千年剽窃案，陈寅恪通过傅斯年告诉他，朱熹早在七百年前就发现了。经查，朱熹确有此说。《朱子语录》卷百二六云："道书中有真诰,末后有道授篇,却是窃四十二章经之意为之。"《真诰》系南朝陶弘景编撰,《朱子语录》中提到的"道授篇",准确的名称应是"甄命授"。在我看来,陶弘景之举还算不上抄袭,因为他是《真诰》的编撰者,而非原始著作人。

据《唐摭言》等古籍记载,唐代吴兴人杨衡,工于诗,好古调,有人偷了他的诗文去应试,居然考中了。上朝时,杨衡找到那个人,生气地问他,"一一鹤声飞上天"还在吗?那人赶忙讨好说,我知道仁兄最爱的就是这句诗,所以没敢偷。杨衡这才笑着说,若如是想,尚可饶恕。这段轶事,后世多有转述,并引为笑谈。可当你听过因为一句诗的权属问题酿成命案的奇闻后,恐怕就笑不出声来了。

唐朝诗人刘希夷,长相帅气,文采斐然,25岁那年便高中进士。刘希夷擅写军旅诗和闺阁诗,"词情哀怨,多依古调,体势与时不合,遂不为所重",传世的篇章也不是很多,唯《代悲白头翁》最为有名,曹雪芹为林黛玉写下的《葬花吟》与之很相似,当是受到此诗启发而成。这首拟古乐府诗,运用叠句循环的对比手法,将韶华易逝、富贵无常的人生哲理阐发得非常透彻。其中"年年岁岁花相似,岁岁年年人不同"一联,尤为其舅宋之问所喜爱。当宋之问得知这首诗尚未公开,就恳求他转让给自己。刘希夷当时碍于情面答应了,却终究没有给他。宋之问感到被欺骗,一气之下,竟支使家奴将他拖到一间房子里,用装土的袋子活活闷死。仅仅是因为一联诗句的所有权问题,就让这位青年才俊无辜罹祸，怎不令天下无数心地善良的人唏嘘不已？

这件杀人夺诗的传闻，唐代刘肃《大唐新语》以及元代辛文房《唐才子传》等书中都有记载和描述，辛文房在文后还以"贾生悼长沙之屈，祢衡痛江夏之来"作类比，为刘希夷之死发出了悲愤的惋叹。但后世文坛多有不信，考据存疑者也不乏其人。但若以宋之问诗名远在刘希夷之上为由，说他不至于因为一联诗句而致人非命，似乎也说不通。宋之问的人品是比较龌龊的，他曾向武则天自荐面首，给张易之提过尿壶，更有甚者，他还曾出卖友人张仲之。人性的阴暗面，有时是很难用常情来忖度的。隋炀帝嫉贤妒能、扼杀人才的事例，也许能从另一侧面佐证这个问题。

据《隋唐嘉话》记载，炀帝善属文，而不欲人出其右，司隶薛道衡由是得罪，后因事诛之，曰："更能作'空梁落燕泥'否？"炀帝为《燕歌行》，文士皆和，著作郎王胄独不下帝，帝每衔之。胄竟坐此见害，而诵其警句曰："'庭草无人随意绿'，复能作此语耶？"应该说，隋炀帝杨广还是懂些翰墨之道的，一生也写了不少诗，多为五言。唐太宗曾对侍臣说："朕观《隋炀帝集》，文辞奥博，亦知是尧、舜而非桀、纣，然行事何其反也。"隋炀帝杀害薛道衡与王胄，纵然不全是因为诗才竞胜所致，但也与他唯我独尊、蛮横霸道的心性有很大关系。他贵为人主仍有不甘，还想称雄天下文坛，以致行刑前还不忘嘲弄对手，怀恨在心、妒火犹炽、刻薄冷酷的嘴脸尽显无遗。

封建官场倒逼出来的"怪胎"

在传统戏曲舞台上,有一出保留剧目叫《打金枝》,包括京剧在内的全国各地剧种几乎都有展演。"金枝"一词是皇室子嗣的专有称谓,这里是指唐代宗的女儿升平公主。那么,是什么人吃了豹子胆,敢打皇帝女儿呢?这个人叫郭暧,官拜驸马都尉,大唐名将郭子仪的儿子。

在我国历史上,驸马爷固然风光,但毕竟处于宾从地位。在皇权遮天的阴影下,即便与公主琴瑟不调,也只能忍气吞声,怎敢对金枝玉叶实施家暴呢?升平公主缺席公爹寿诞于伦常有亏,换作别人也不高兴,但还不至于动手,郭暧之所以敢打"金枝",与他父亲煊赫的地位有很大关系。否则,他酒胆再壮也会有所顾忌的。

郭子仪地位到底有多高,权势到底有多大呢?有两个典故也许足以服人。一是说郭子仪平叛胜利后班师还朝,皇上亲自为他卸甲;一是说郭子仪一家高官,七子八婿前来祝寿时笏板堆满了床榻。在封建朝堂上,位高权重的将相风光一时并不难,难的是将无上荣宠保持终生。郭子仪做到了,他历事玄、肃、代、德四朝,不仅生前备受宠遇,而且死后累享殊荣,就连坟墓也被特许破例加高一丈。历朝历代的史官、史书以及帝王将相对其赞誉有加,后世的官员们无不奉其为楷模。《资治通鉴》在采纳《旧唐书》《新唐书》评价的基础上,将郭子仪一生功业概括为:"天下以其身为安危者殆二十年,功盖天下而主不疑,位极人臣而众不嫉,穷奢极欲而人不非之,年八十五而终。其将佐至大官、为名臣者甚众。"这样的评价,翻遍史书绝无仅有。那么,历史真相如何呢?

"天下以其身为安危者殆二十年",这话大致不错。郭子仪戎马一生,屡建奇功,力挽李唐江山于既倒,《旧唐书》称他"再造王室,勋高一代"。这话原本出自唐肃宗之口,看来并不夸张。"功盖天下而主不疑,位极人臣而众不嫉",这两句就值得推敲了。收复两京之前,战事尚在进行中,唐肃宗李亨就开始犯愁了,他对李泌说,"今郭子仪、李光弼已为宰相,若克两京,平四海,则无官以赏之,奈何?"言外之意是:他们的功劳再大下去,朝廷就容不下了,总不能禅让他们当皇帝吧。什么叫功高震主?这明明是有了心病,怎么能说不疑呢?如果说郭子仪第一次被解除兵权是因兵败相州所致,那么他被罢免副元帅之职,充任肃宗山陵使,督建皇陵,则是屡遭诋毁的结果。嫉妒并进谗郭子仪的人不仅有奸宦李辅国、鱼朝恩、程元振,还有宰相元载,唐代宗李豫若真不疑他,怎么会让他坐冷板凳呢?由此可知,郭子仪的功业并非"主不疑""众不嫉",只是被他小心翼翼地化解了而已。

在郭子仪看来,化解的最好方法就是把自己全身心地袒露于光天化日之下,让众人有眼可鉴,无嘴可说。他府上的大门镇日洞开,什么人都可以自由出入。郭子仪的家眷正在梳洗打扮,有部将、属员前来拜谒、禀报或辞行,郭子仪不但不让她们回避,还让她们端茶倒水递手巾。家人不解,他笑着解释说,你们都没想到吧?咱家吃官粮的马五百匹,吃官饭的人上千。进无所往,退无所据。假若森严壁垒,内外不通,一旦有人结怨,诬我不轨,其中再有贪功嫉贤之人坐成其事,咱全家就会被碎为齑粉。到那时,就是咬着肚脐后悔都来不及了。现今院落荡荡,四门大开,即便有人想要罗织罪名也没证据,我为的就是这个啊。

郭家大院妻妾姬侍成群,来人多不回避,唯独对大臣卢杞例外。史书上说,卢杞"貌陋而色如蓝",人们都视他如鬼。因此,每当卢杞来访,郭子仪都要屏退陪侍的姬妾。面对家人的疑惑,郭子仪解释说,卢杞这个人,外貌丑陋而内心阴险,女眷见了他必会发笑,他焉能不记恨在心?一旦他大权在握,咱家一个都活不成了。不久,卢杞做了宰相,果然大肆诛除异己,只有郭家得以幸免。

比卢杞更难缠的,是专权跋扈的奸宦鱼朝恩。鱼朝恩妒忌郭子仪的军功,屡进谗言阻止皇上重用他,总想找机会挤对他。鱼朝恩邀郭子仪同游章敬寺,身边人都认为鱼朝恩没安好心,劝郭子仪不要去,非去不可也要多带扈从,最好内穿锁子甲之类的护具。郭子仪执意前往,只带了几个仆人,也没穿什么锁子甲。鱼朝恩见郭子仪这副样子,感到很奇怪。郭子仪就说,您不知道吧,外面谣言中伤我俩的交情。这次来,还听说您要加害于我,但我根本不信。

说着解开外衣,您看看,我里边什么护具都没穿。鱼朝恩哭着对郭子仪说,若不是郭令公您这样宽厚的长者,这种谣言能不让人起疑吗?!

这两件事加起来有一说,叫作"知其雄,守其雌,为天下溪"。

能堵住众人的嘴,不一定能稳住皇帝的心。为了让皇帝放宽心,郭子仪每次出征归来,都及时向朝廷交出兵权。好容易前方战事和缓了点儿,就有人告郭子仪谋反,皇帝放心不下,就诏令他回朝述职。不管在哪里,只要他一接到诏书,就立马回到皇帝跟前。皇上见他风尘仆仆的样子,哪里还好意思怀疑他呢?《新唐书》赞扬他:"及大难略平,遭谗甚,诡夺兵柄,然朝闻命,夕引道,无纤介自嫌。"一个功勋之重、威望之高、际遇之奇、福泽之厚远在他人之上者,能做到"主不疑""众不嫉",谈何容易?

"穷奢极欲而人不非之",这句话就更值得琢磨了。人们眼中的好官,哪个不是廉洁自守、清正无欲,怎么可能是穷奢极欲之辈呢?郭子仪并非被物欲所吞噬的人,他所以要"穷奢极欲",就是要防备别人"非之",防备皇帝"疑之"。说穿了,他这是做给别人看的,以表自己没有野心。一个蓄有"十院歌姬"的人,怎么会恋栈权力呢?在封建官场上,面对严酷的政治生态和图存法则,"穷奢极欲"其实是一种伪装色彩很浓的选择,甚至是很明智的选择。如此一来,皇帝也就不会"疑之",众人也就不会"非之"了。

人一生要经历数不清的选择,人生的旅程就是由无数个选择连接起来的。有些选择无关宏旨,有些选择却事关生死。在我国古代,那些跻身宦海,站在风口浪尖上的人,活得并不轻松。没功时拼命建功,官小时奋力进身;功多了,官大了,又担心大祸临头。与功成名就相伴而来的是莫测的风险,选择不慎,就有可能跌入深谷,甚至身首异处。李白诗云:"吾观古来贤达人,功成不退皆殒身!"像范蠡那样的识时务者选择的是离开,三徙成名,三掷千金,终成一代商圣。像郭子仪这样选择不离不弃,能够终其一生无大祸,实属不易。但是,处处赔小心,事事装孙子,不惜以"穷奢极欲"来伪饰沉沦,以"自污"求自保,正常吗?靠伪饰换来所谓的善终,不能不说是历史的悲哀。其实,更不正常的是封建官场秩序,是畸形的官场生态倒逼和催生了郭子仪这样的"怪胎"。

乱世泥沼中的"变形金刚"

五代时期的舞台上,各色人等像走马灯似的转个不停,真正是"乱哄哄,你方唱罢我登场",那些争权夺势的权臣们,长命的不多,善终的更少。但是,凡事都有例外,其中有位二号人物,却能左右逢源,长乐不倒,被今人称为"史上最牛的打工仔"。他就是众说纷纭到如今的宰相冯道。

冯道从政三十余载,拜相二十余年,先后服侍过十个皇帝,几乎成了"宰相专业户",以至当权者慕名请他去主政。太平盛世做到"三朝元老"都难,兵荒马乱之际能做"十朝元老"谈何容易?更何况,冯道"受雇的东家"并非一姓而是四姓。看过冯道宦海经历者,莫不感到不可思议。然而,当你再看后人的评价时,又如入讼辩之堂,不知该听谁的好了。总体印象是:毁多于誉而和者寡,赞声没有骂声高。

赞誉冯道的史籍以薛居正主持编撰的《旧五代史》为代表,毁谤冯道的史籍以欧阳修主持编撰的《新五代史》为代表。《旧五代史》里的冯道几乎就是道德上的完人、大臣中的表率。《新五代史》里的冯道则是"不自爱其身而忍耻以偷生的无廉耻者",司马光在《资治通鉴》中指责他是

"奸臣之尤",毛泽东在早期文稿中说,"五代纲维横决,风俗之坏极矣,冯道其代表也",范文澜称冯道是"奴才的奴才",余秋雨则称其为"走狗的走狗"。同时,为冯道翻案的声音自古而今从未间断。南怀瑾原也批过冯道,后来却在多个场合为冯道喊冤叫屈。他认为,冯道不贪财、不好色,品行无懈可击,当时没人反对他。后人攻击他是站在儒家立场上,用气节说事。

那么,气节难道就不重要了吗?我们知道,每逢改朝换代之际,那些前朝臣子,往往陷入进退两难境地,茫然不知所措。秉性贞烈者,为保全尊严,拒绝为后朝服务,甚至以死殉国,这叫"忠臣不事二主";识时达变、改换门庭者,便是"贰臣"。依照这样的原则和标准,冯道便是"贰臣"中的极品,因为他一再失节,创下了失节的最高纪录。

乾隆四十一年,乾隆曾诏令编撰《贰臣传》,将洪承畴、祖大寿、冯铨等120余人打入另册。细览乾隆的诏令,你会发现,乾隆也是个耍滑头的主儿。当初江山未稳,清廷千方百计笼络明末大臣前来归附,说什么"以靖人心,以明顺逆";待得江山稳固后,又把那些有功于大清的明臣列为"贰臣",说什么"崇奖忠贞""风励臣节"。乾隆的用心,无非是以儆效尤,防止清廷官员今后变节。这也说明,在帝王们那里,臣节已不单是个人操守问题,而是巩固家天下的道德底线。如此来看冯道,怎一个"贰臣"了得呢?

怎样看待"贰臣"现象,历来存有争议。追溯起来,开"贰臣"之先例者亘古就有,且不是个案,其中影响较大的是上古名臣伊尹和春秋名相管仲。

伊尹生活的夏末商初，天下很不太平，老百姓的日子也不好过。为改变世道，造福苍生，伊尹勇敢负起责任，先后五次游走于商汤和夏桀之间，终于帮助商汤平定了天下。宋代王安石曾以此为例，回答唐介关于冯道是否为纯臣的质问。王安石认为，冯道当然是纯臣。就像伊尹"五就汤、五就桀"那样，意在百姓的安宁，怎么能说不是纯臣呢？事实正是这样，契丹企图趁机洗劫中原，没人出来救亡，冯道却能说动契丹皇帝罢手。就连骂冯道最厉害的欧阳修也承认，"人皆以谓契丹不夷灭中国之人者，赖道一言之善也"。

公元前 685 年，齐国发生内乱。公子纠在管仲与召忽的辅助下，同公子小白争夺君位失败后被逼而死，召忽以身殉主。被押回齐国的管仲，不仅没有殉节，还应桓公之请做了宰相。对于管仲的行为，孔门也有争议。在《论语·宪问》篇中，子路和子贡都对管仲的仁德提出疑问，孔子回答说，管仲辅佐桓公，多次会盟诸侯，不诉诸武力而一匡天下，老百姓于今仍在受益。怎么能要求他像普通人那样拘于小节呢？孔子尽管也曾指出过管仲的不足，但在总体上肯定管仲有维护和平以利天下之仁德。就是说，管仲屈节建功，惠及天下，乃为大德，可以不追究小节。

其实，在私有制社会中，节操之论不仅仅是私德问题，还涉及官德与公德的关系。所谓官德，是指官场守则，须向朝廷负责，说到底是忠君效主，兼济天下。所谓公德，是指公共守则，须向社会负责，包含了人际交往的方方面面。相比较而言，官德不代表公德，公德高于官德。冯道臣节不保，主要反映在官德上。

冯道数易其主，臣节不保，有失官德，已成历史定论。但冯道为官期间，能以"下不欺于地，中不欺于人，上不欺于天"为守则，尽心辅政，稳定乱局，劝谏当权者力戒骄奢淫逸，体恤天下苍生，为政为民做了不少好事，而且治学有成，述而有作，在公德与私德上均无可挑剔。虽非忠臣，也是良臣。同僚范质称赞他"厚德稽古，宏才伟量"。冯道自己则以"但教方寸无诸恶，狼虎丛中也立身"自诩。按照孔子的说法，冯道也应算作仁德之人。否则，苏东坡和王安石也不会把冯道看作是菩萨再生、活佛转世。

古往今来对冯道的评述甚多，贬者有贬的道理，褒者有褒的理由，但有一点却很少有人论及，那就是他一生遭际中的心理变化，尤为值得探究的是，冯道这种"变形金刚"似的人格是怎样形成的。按照荣格分析心理学的观点，冯道人格的形成，是有迹可循、有因可察的。

五代时期，门阀士族观念依然盛行。冯道入仕之后，因为出身寒微，经常遭人讥讽。即使官至宰相，也难免受人奚落。据《旧五代史·冯道传》记载，有一位叫任赞的工部侍郎，对冯道这位顶头上司很不以为然。一次退朝，任赞走在冯道后面，与同僚议论说，冯道如果走得急了，说不定会从身上掉下一本《兔园策》来。《兔园策》亦称《兔园册》，因梁孝王所建皇家宫苑而得名，是当时乡村塾师教习儿童的启蒙课本。任赞拿《兔园策》说事，明显有嘲弄冯道身世低下、学识浅薄的意思。《新五代史·刘岳传》也有类似记载,情节大致相同。

　　因出身遭受歧视刺激的人,心底难免自卑,并会产生一种倔强的反抗心理。这种心理郁积的发展有两个方向:或者是外倾,不顾生死,报复社会,甚至走向不归路;或者是内倾,暗暗较劲,发愤图强,做出一番事业来证明自己。在政权的频繁更迭中,冯道所以能委曲求全,虎狼丛中立身,并不全是官瘾作怪,为做官而做官,很大程度上是想让那些瞧不起他的人看看,我冯道岂是低俗平庸之辈。这样的人格特征,我们不仅能从冯道的人生经历中看出端倪,也可以从他所著《仕赢学》《荣枯鉴》《长乐老自叙》等书中窥见堂奥。冯道能在乱世的泥沼中保持"金刚不坏之身",得益于他熟谙官场之道,游刃仕途之险,以变应变,能屈能伸。冯道,字可道。用"道可道非常道"来解读冯道的人生,也许最贴切不过了。

福祸两重天的"赐肉"事件

在我国古代史上,向有君王"赐食"群臣的惯例。受领皇上恩典,说起来是荣宠,但也不那么舒心、自在。据《论语·乡党》记载:"君赐食,必正席先尝。"就是说,国君赐食时,为臣必须正儿八经地席地而坐,先品尝,后享用。及至后来,宫廷里的礼仪规范愈益繁琐、严谨,就更加随便不得。

汉武帝时,有一年伏天,皇上赐肉给从臣。大家都到齐了,可奉诏主持分肉的官员还没来。东方朔等不及,就拔剑割了块肉,对同僚说,大热天的,肉易坏,当早归,大家也都领赏吧。说着,就揣着肉回家去了。那位分肉的官员到来后,得知东方朔如此放肆,就把这事告到了皇上那里。

第二天上朝,汉武帝问东方朔,昨日赐肉,你不待诏令下达,就擅自割肉回家,却是为何?东方朔赶紧免冠下拜。做出此等大不敬之事,单是叩头谢罪是过不了关的。武帝说,你还是给我起来,做自我批评吧。东方朔再拜说,东方朔啊,东方朔,受赐不待诏令下,是何等无礼啊!拔剑割肉,是多么果敢啊!割肉不多,又是多么廉俭啊!带肉回家给老婆吃,又是何等仁爱啊!皇上被东方朔的这番说词给逗乐了,笑着说,原本让你自责,你反倒自夸起来了。不仅没非难,还赏他酒一石,肉百斤,回家给老婆。

如此滑稽的事,发生在朝堂上,使一场严肃的危机化为诙谐的笑谈,给冷酷的官场涂上了一抹暖色。但这等好事不是谁都能摊上的,否则就不叫"伴君如伴虎"了。东方朔如此胆壮,靠的不仅仅是机警,还摸准了皇上的脾气,并且料定不会受罚,不然怎敢在老虎身边耍花枪呢?时间回溯到汉武帝老爸的年代,同样是设宴赐肉,大将军周亚夫的遭遇就没这么幸运了。

周亚夫的事迹,初中课本里就有。那篇叫《周亚夫军细柳》的课文写到,皇上亲自劳军,在霸上和棘门军营,可以长驱直入,将军率官兵骑马迎送。但到了周亚夫驻守的细柳营,戒备森严,号令如山,即便皇上驾到,也要奉诏持节通报后方可准入。进得营门,仍需遵守军规,不得纵马驰驱,皇上只好松缰徐行。到了营帐,周亚夫披甲执锐,全副武装,谨以军礼,长揖面君。劳军完毕,出了军营,群臣皆惊,皇上叹服:此乃真将军也!

周亚夫德才兼备,智勇双全,在文景两朝都曾立下赫赫战功。上述虽然只是他从严治军的一段佳话,但却仍能从中领略到他威严的军人风度。

行伍出身的人,往往秉性耿介,刚直不阿。这看起来是优点,可在官场上却是大忌。

起初,周亚夫颇受汉景帝器重,被拜为丞相。可他不善于讲究政治策略,常常不分场合同景帝唱反调,惹得景帝闷闷不乐,于是渐被疏远。加上他与皇室中的人结有梁子，免不了有坏话传到景帝那里，处境愈加不妙。失落之余，周亚夫托病请辞，景帝也就批准了他的请求。其实，景帝仍然心存起用他的念头，只是担心这匹烈马难以驾驭，弄不好还会留下后患。

后来，景帝召亚夫到宫中赐食，借此试探他脾气改了没有。因此，有意在他的席位上，只摆着没切开的大块肉，也没放筷子。亚夫心有不平，就扭头向主持宴席的人要筷子。皇上见状笑着说，这难道还不能让你满意吗？亚夫免冠跪地谢罪。皇上刚喝了声"起"，亚夫立马起身，负气罢宴而去。皇上目送着他的身影，叹息说，这种忿忿不平的人，怎么能辅佐少主呢？没过多久，亚夫因儿子出事受到了牵连。法官审讯时，亚夫拒不回答。皇上说，我不需要你回答。遂下诏将其交付廷尉，关进大牢。亚夫绝食五天，吐血而死。

周亚夫之死，悲壮而有气节，却也实在是冤哉枉也。司马迁因此感叹说："周亚夫以功为丞相，坐争封匈奴降将事病免。心恶之，赐食不置箸，叱之使起，昧于敬礼大臣之义。卒以非罪置之死，悲哉！"

应该说，太史公对这件事的评述还是公允的。但是，问题的要害不在于皇上对大臣有失礼敬，而在于封建帝王家天下的私心作祟。汉景帝之所以弃用周亚夫，间接置其于死地，考较的不是周亚夫的功过是非，而是自己辞世之后，继任的小皇帝能否驾驭得了他。细数那些坐稳江山的主儿，哪个不是趁自己尚能视事时，诛杀有功强势之臣，为后继的儿孙登基扫清障碍？蒙冤而死的又岂止是周亚夫一人？

"五张羊皮"的共振效应

春秋时期,晋国为了吞并邻近的虞虢两国,就用骏马和美玉贿赂虞君,得以借道伐虢,取胜后返回头,又轻而易举地灭掉了虞国,俘虏了虞国国君和大夫百里奚。此前,百里奚向虞君陈述唇亡齿寒的道理,可虞君根本听不进去,待到被掳,悔之晚矣。

晋献公女儿出嫁时,就将被俘的百里奚作为奴仆送给秦穆公。在陪嫁清单中,穆公见有百里奚之名,却不见百里奚其人,不免有些奇怪。公子絷回道,百里奚乃虞国的旧臣,现已逃走了。穆公就问公孙枝,你来自晋国,必知百里奚的来路,他是个什么样的人?公孙枝说,百里奚是个难得的贤人。他知道虞君劝不回头,就不再徒劳,这是他明智的地方;被俘后,不肯为晋国效力,这是他忠义的表现。百里奚有经世之才,只是不遇其时罢了。穆公问,怎样才能得到百里奚,为我所用呢?公孙枝说,我听说他妻子在楚国,想必是逃到楚地了,何不使人到楚国访查一番。

使者查到百里奚的下落后,回来报告说,百里奚在海边为楚人牧马。秦穆公打算用重金将百里奚赎回来,公孙枝说，这样，百里奚就来不了了。穆公问，为什么呢？公孙枝说，楚国之所以让百里奚养马，是因为不知他的本事。你若以重金相求，等于告诉人家百里奚是个能人，楚国必会留为己用，还肯给你吗？穆公问，那你说怎么办。公孙枝答，不如仍把他看作脱逃的奴仆，用低价赎回。管仲当年不就是这样从鲁国脱身的吗？穆公说，你说得有道理。于是就使人拿着五张羖羊皮，到楚国去赎百里奚。

百里奚将行时，牧场的人见等待百里奚的是囚车，以为这一去没命了，就抱着百里奚哭了起来。百里奚笑着说，我听说穆公有王者之志，怎么会为失去一个奴仆而着急呢？他之所以到楚国来拿我，是要用我。此行是大好事，你们哭为何来，于是便登上囚车，从容而去。到了秦国边境，正在郊外迎候的公孙枝，将百里奚从囚车里释放出来，洁身更衣后，带他去见秦穆公。

穆公问他多大年纪，百里奚说才七十岁。穆公说，可惜老了。百里奚说，要我去追飞鸟、斗猛兽，那我是老了。若要我坐而议政，我还年轻呢。姜尚八十被文王拜为尚父，终定周朝基业。我今天得遇于您，比姜尚还早十年呢。穆公感佩他壮心不已，就虚心向他求教。两人接连谈了三天，无不投契。百里奚言之有据，策对有方，让穆公非常敬重，就让他执掌国政。百里奚赶忙推让说，我比不上好友蹇叔。我这大半生的际遇，均在他的预料之中，由此可知他见识胜我一筹。于是，穆公就用重金请来蹇叔，拜为上大夫，与百里奚共同执掌秦国军政要务。

百里奚主政期间，"谋无不当，举必有功"，辅佐秦穆公倡导文明教化，实行"重施于民"的政策，让人民得到了更多的实惠。在内修国政的同时，兼并了十多个戎狄部落，统一了今甘肃、宁夏等地区，使秦国由一个偏僻落后的小国，成长壮大为可与晋楚争高下的强国，悄然崛起于西北地区。秦孝公不无自豪地说："天子致伯，诸侯毕贺，为后世开业，甚光美。"孟子由此得出结论说："虞不用百里奚而亡，秦穆公用之而霸。"

这件事，不仅在《左传》《国语》《孟子》《吕氏春秋》《史记》《东周列国志》等正史中均有记载，遗闻轶事中也多有转述，而且流传千年，常谈不衰。五张羊皮换来一位名相，这"身价"也太低了，可自此而后，百里奚的身价倍增，累添殊荣。百里奚去世时，"秦国男女流涕，童子不歌谣，舂者不相许"。冯梦龙有诗赞曰：脱囚拜相事真奇，仲后重闻百里奚。从此西秦名显赫，不亏身价五羊皮。"五羖大夫"的美名，从此就在中华大地传扬开来。

李斯在《谏逐客书》中说："昔缪公求士，西取由余于戎，东得百里奚于宛，迎蹇叔于宋，来丕豹、公孙枝于晋。此五子者，不产于秦，而缪公用之，并国二十，遂霸西戎。"在秦国开创基业的历史进程中，秦穆公聘任的外籍贤臣良将很多，百里奚并非独领风骚，然而为何他的事迹能像姜子牙一样流传千年而不衰，至今仍为人津津乐道呢？除了五张羊皮的传奇色彩外，还在于这一掌故的绕梁余音能够引发共振效应。

作为物理概念，共振在声学中也叫共鸣，是指物体因共振而发声的现象。比如两个频率相同的音叉靠近，其中一个振动发声时，另一个也会发声。"羖皮换贤"这件事之所以能激起世人的共鸣，至少有以下几个因素。

一是百里奚出身贫寒，穷且益坚，不坠青云之志，直到壮年才有了小试牛刀的机会，可惜所遇非贤，未能施展抱负，以至于颠沛流离，沦为奴仆。此情此景，颇能令天下寒士为之动容。

二是百里奚落难时，无心爵禄，不贪富贵，虽为阶下之囚，仍然忠于故国。既不愿为晋国服务，也不愿做秦国奴仆，宁愿逃到荒滩野地里去放牛。这在人格上，足以为世人颂赞。

三是百里奚不遇时，多亏宫之奇、公孙枝接连举荐，终为秦穆公所用。居于相位之后，毫不自矜，不断举荐得力人才，共襄大业，体现了"功成不必在我"的宽阔胸襟。

四是百里奚暮年相秦，仍能有所作为，"谋无不当，举必有功"。特别是当其结发妻子千里寻夫来到秦国，百里奚相堂认妻，破镜重圆，这种贫贱不移、富贵不淫的美德，更为世人所感佩。

以上数端，既是中华文明史上由和谐旋律谱就的华彩乐章，也是中国人才史上由传世美谈刻成的完美范本；既能激起求贤若渴者的共振，也能引起怀才不遇者的共鸣。1700多年后，黄庭坚凭吊百里大夫冢，赋诗云："安知五羊皮，自鬻千金身。末世工媒孽，淳言诟道真。幸逢孟轲赏，不愧微子魂。"由此说来，还有什么比五张羊皮的故事更能打动人心的呢？

"三驾马车"的组合模式

俄罗斯有一首民歌叫《三套车》，自翻译介绍到中国来后，很快就传唱四方，家喻户晓。这首歌的名字，与我国历史上曾经纵横驰骋的"三驾马车"同出一源，说的都是三匹马拉一辆车。在我国古代，最早是指战车的形制，后来也指王侯车驾的规格。其配置模式，通常是由一匹辕马与两匹梢马组成。辕马负责驾辕，梢马负责拉长套。辕马稳健，控制力强，能够稳住阵脚；梢马彪悍，爆发力强，善于冲锋陷阵。这种组合，既能保持平稳，又能提高车速，优势互补，协调前行。

辕马一般要选沉稳且能负重的老马，遇有情况，不会受惊失控，从而保持行车的稳定性。清代文学家、礼部侍郎方苞，曾写过一篇喻世散文《辕马说》，高度赞扬"领局于轭"的辕马精神，形象地说明了考察和选拔人才时以德才兼备作为标准的重要性。大意是说，我出行到边塞，坐在一辆负重的马车上，看着辕马驾车的情景产生诸多感慨。马车上坡时，辕马奋力前行，以防倒滑；马车下坡时，辕马收臀攒蹄，以防倾覆；马车休息时，辕马最后卸套。它的这种品性和能力，不经驾辕的反复尝试是分辨不出来的。

品质低劣的马、狡黠暴躁的马，虽然可以担当此任但却不够协调，以致影响整个马车的正常运行。

三角形具有稳定性，这是人所共知的几何学原理。就像我国古代的三足鼎、埃及古代的金字塔一样，凡是三角形的构造，都有着平衡、协调、稳固、抗外力等特点，扯不散，压不垮。这一原理，在人才组合特别是领导班子的配置上同样适用。在我国古代，自周代就设有"三公"，作为社稷之栋梁，这是天子之下的最高管理层，可以说是史上最早的"三驾马车"。老皇帝临终托孤，一般都会选择三位德高望重的顾命大臣。例如，曹丕病危时，曹真、陈群、司马懿接受辅佐曹叡的托付，成为魏明帝时代政坛的"三驾马车"；再如，汉武帝驾崩前，霍光、金日磾、上官桀接受遗诏辅佐刘弗陵，也被称作"三驾马车"。凭借"三驾马车"人才组合模式，取得事业成功者史上不乏先例。西周开国，全仗周公、太公和召公这三位圣贤并驾齐驱；商鞅变法之所以能顺利推行，景监、车英这两个得力助手功不可没；刘邦之所以能夺取天下，靠的是"汉初三杰"张良、萧何、韩信的协调运转；如果没有房玄龄、杜如晦、魏征的鼎力相助，唐太宗的"贞观之治"又从何谈起；朱翊钧"万历新政"的成功，离不开张居正、李太后与冯保构成的政坛"铁三角"……

一个国家也好，一个团队也好，凡能异军突起，成大事者，除了要有一个核心人物、灵魂人物外，还必须有一个既能晓事又会办事的班子，所谓"一个篱笆三个桩，一个好汉三个帮"。仅就事业对高端人才的需求来说，仅有精英是不够的，还必须匹配得当，形成最佳组合。否则，能人相轻，互相掣肘，明争暗斗，内讧不断，即便原本能够发挥的正能量也会抵消殆尽，又怎么可能兴旺发达呢？"三驾马车"的配置原理，不仅在于三者之间相互监督与制约，还在于三者之间相互协调与支持。

"房谋杜断"的互补效能

唐太宗当政时，"智囊团队"中左仆射房玄龄谨小慎微，胆小怕事，却是点子最多的一个。每当李世民遇到难题，房玄龄都能拿出多种方案供其裁夺。而当李世民犹豫不决时，右仆射杜如晦又总是能从中选出最佳方案，让他拍板。后来，人们就以"房谋杜断"来称誉能人之间的完美合作。

现实生活中，全才同完人一样既难遇也难得，倘能把有个性的偏才珠联璧合地搭配起来，其作用可能更胜全才。李世民深谙此道，也因擅用人才而一步步走向"贞观之治"。

在任何一个组织系统中，能人多当然是好事，但如果配置不当，就很容易发生内耗。孙膑与庞涓，堪称兵家之龙凤，且都是鬼谷子的高足，同窗情谊甚厚，可当他们在一起共事时，竟闹到你死我活的地步。想当年，廉颇遇上的如果不是蔺相如，而是廉颇第二，赵国还有好日子过吗？可见，人才的组合只有配置得当，结构合理，方能齐心协力，和衷共济。特别是能人之间共事，既要和而不同，也要异质互补。"房谋杜断"式的合作，是人力资源配置的一种上选模式，可以归类为优势互补，也可以看作是异质互补。

我国古人熟谙异质互补之道，认为"异质互补则强，同性相斥则弱"，把异质互补看作是一种匹配度和能效比高的组合。即便在中医处方中，也非常讲究配伍之道。凡有大黄、细辛、枳实之类的猛药，必用甘草与之配伍。甘草性平、味甘，能够调和、消解猛药的毒副作用。民国时期，人们之所以把谭延闿称为"谭甘草"，正是因为他善于协调各方利益，能够化解派系冲突，发挥着像甘草一样的平衡作用。这也说明，在一个领导集体中，既要有"猛药"型的刚性人物开创事业，也要有"甘草"型的柔性人物消解内耗，同为"甘草"型人才组合，往往是缺乏活力的软班子，同为"猛药"型人才组合，往往是内耗不已的乱班子。我国现行的领导体制，每个单位都有党、政"一把手"，这两个"一把手"的配备是否得当，对于事业的开创与发展至为关键。如果匹配度和能效比不高，强强组合也未必能打造出战斗能力强的"旗舰"。

人才的类型是多样的，划分的尺度也有多种。现代社会，领导班子也好，社会组织也好，企业团队也好，选人用人不能唯能人是举、是高手就用，而是要把岗位需要与人才类型有机结合起来，使之能同质相谐，异质互补，释放出更多的正能量。

后　记

"你是谁?""从哪里来?""到哪里去?"有人把小区保安经常盘问访客的这三问,形象地比喻为人生哲学的终极问题。第一问,借喻自我认知;第二问,借喻本原认知;第三问,借喻未来认知。恰当与否,姑且不论,其中第二问,如果推广到整个人类,回溯并追索我们是从哪里来的,也属于历史问题。通俗地说,历史就是对过去事情的记录,只不过这里所说的过去,离我们比较久远,即便是现代史,也是过去时。

过去的事情,因有文字记载,有些还写进了教科书,我们才能了解祖先们曾经的足迹。可一代又一代人留下的足迹太多太杂,不是所有的人和事都能被载入史册,为后人所铭记,我们能记住的只是典型事件中的典型人物,典型人物身上发生的典型事迹,或因功勋卓著流芳千古,或因臭名昭著遗臭万年。

对于过去发生的事,我们首先要读原始记载,在弄清基本史实的基础上,再读后世史学家们的考证和解释,看看哪种说法更接近真相,更有道理。只有这样,读史、用史才会更加科学,更加明澈。对历史爱好者而言,仅仅知

后　记

道那些已成经典的掌故远远不够，还有必要穿越时光的隧道，走进那些神秘的洞窟，打开那些尘封的档案，参详一下那些年、那些地方、那些人身上究竟发生了什么，还有哪些鲜为人知的隐情。这样一来才能感知，历史并非单线条的简笔画，也不见得枯燥无味，而是像丛林探秘一样有趣。这里的有趣，不单是好玩，而是值得玩味与思索，能够从中窥究千秋人物的是非毁誉，领略万世功业的成败得失，汲取知古察今、鉴往知来的智慧，从而享受读史的乐趣。

　　本书篇幅有限，也并非专门的历史人物评传，而是就"历史应该记住谁"和"历史应该怎么看"这两个命题发散开去，撷取万古江河中一些有趣的浪花，变换不同的角度去透视一番，看看其中有没有被常规视角忽略但却另有深意的细节和光亮。去过苏州西园寺的人都知道，济公活佛的那尊塑像立体感很强，右看满脸堆笑，左看一脸愁容，正中看去，似喜非喜，似忧非忧。历史是时间与空间交织而成的大舞台，其场景与人物也是立体的，从不同角度看去，影像也就不同。就好比看戏，坐在剧场中间与坐在剧场两边的观众，看到的人物脸谱不尽相同。倘若溜到后台，所看到的就又是另一番风景了。

　　历史是生命个体在不同社会场景下的活动，既有正剧也有小品，既有喜剧也有悲剧，既有台前也有幕后。历史人物不可能像生旦净末丑那样，青红可辨，皂白分明。本书提到的一些历史人物和事件，尽管也有原初史料的明文记载，但在后人解读上，则是同中有异，异中有同。正如

《周易·系辞上》所云:"仁者见之谓之仁,智者见之谓之智。"笔者通过反复研读和思考,将其中一些微妙之处略加点拨,意在引起大家的注意,不为约定俗成的说法所束缚。当你转换一下观察角度,转换一下思维逻辑,就会看到有趣的新片段、奇特的新景观,从而在历史究竟是什么、历史应该怎么看、历史应该记住谁等问题上,察觉那些不为人知的奥妙。当然,本书只是随笔札记类的一家之言,偏颇之处在所难免,倘若您能从中得出更加独到的见解,那就再好不过了,这恰恰是笔者更为欣喜的期盼,更加恳切的心愿。

王兆贵

2017 年夏于南京